每代人都要走好自己的长征路。

——习近平

长征精神代代传 丛书

胜利的保障

吴 玫 编著

丛书编委会

主编：朱贵平
编委（按姓氏笔画顺序）：
朱贵平 吴 玫 陈劲松 陈虎山 陈金庞

时代出版传媒股份有限公司
安徽教育出版社

图书在版编目（CIP）数据

胜利的保障/吴玫编著.—合肥：安徽教育出版社，2016
（长征精神代代传丛书/朱贵平主编）
ISBN 978-7-5336-8427-3

Ⅰ.①胜… Ⅱ.①吴… Ⅲ.①中国工农红军长征－青少年读物 Ⅳ.①K264.409

中国版本图书馆CIP数据核字（2016）第236740号

胜利的保障
SHENGLI DE BAOZHANG

出 版 人：郑　可
质量总监：张丹飞
选题策划：杨多文　王宗琦
责任编辑：文　乾
装帧设计：许海波
责任印制：陈善军

出版发行：时代出版传媒股份有限公司　安徽教育出版社
地　　址：合肥市经开区繁华大道西路398号　邮编：230601
网　　址：http://www.ahep.com.cn
营销电话：(0551)63683011，63683013
排　　版：安徽创艺彩色制版有限责任公司
印　　刷：合肥华星印务有限责任公司

开　　本：650×960　1/16
印　　张：10.25
字　　数：130千字
版　　次：2016年10月第1版　2016年10月第1次印刷
定　　价：23.00元

（如发现印装质量问题，影响阅读，请与本社营销部联系调换）

序

红军长征是中国共产党及其领导的中国工农红军谱写的壮丽史诗,创造了人类历史上的奇迹。长征更是中国共产党领导中华优秀儿女寻求中华民族复兴的伟大征程中,人类精神和意志的一次伟大远征。长征铸就了伟大的长征精神,这就是:把全国人民和中华民族的根本利益看得高于一切,坚定革命理想和信念,坚信正义事业必定胜利的精神;为了救国救民,不怕任何艰难险阻,不惜付出一切牺牲的精神;坚持独立自主、实事求是,一切从实际出发的精神;顾全大局、严守纪律、紧密团结的精神;紧紧依靠人民群众,同人民群众生死相依、患难与共、艰苦奋斗的精神。

长征精神是中国共产党人和人民军队革命风范的生动反映,是中华民族百折不挠、自强不息的民族品格的集中展示,是以爱国主义为核心的民族精神的最高体现。长征精神与井冈山精神一脉相承,薪火相传。回顾历史,无论抗日战争时期、解放战争时期、社会主义革命和建设时期,还是改革开放新时期,长征都迸发出一种绵延不绝的精神力量,给人以无穷的信心、勇气和智慧,为中国革命、建设和改革事业从胜利走向胜利提供源源不断的强大精神动力。每代人都以自己独有的方式,坚定地走完自己的长征路,呈现出长征精神代代传、代代新,"长征永远在路上"的鲜明特色。

如今,战争的烽火硝烟已经远去,长征已成为中华民族永不磨灭的红色记忆,长征精神已凝成中华民族代代相传的红色基因。在进行中华民族伟大复兴的新长征中,长征精神熠熠生辉。"长征精神代代传丛书"试图将长征精神在各个历史时期的传承和表现,通过生动故事展示出来,彰显长征精神的生命力,彰显中国共产党人的理论自信、道路自信、制度自信、文化自信,并激励读者朋友缅怀先烈、不忘初心,弘扬红色传统,传承红色基因,走好新的长征路,用实际行动续写前辈震古烁今的动人故事,延展中华民族复兴的光辉篇章。

丛书编委会
2016年9月

前　言

在中国工农红军二万五千里的长征途中,广大指战员表现出一种顾全大局、严守纪律、团结协作的伟大精神,这种长征精神,是中国革命走向胜利的坚强保障。

在那段爬雪山过草地的艰苦日子里,红军将士们官兵一致,同甘共苦,一床线毯伙着盖,一份干粮分着吃,一匹骡马让着骑,生死相依、互相帮扶,涌现了无数的感人故事。毛泽东、周恩来、朱德等党和红军的高层领导,则把维持党中央的集中统一、维护红军的高度团结作为至高无上的历史责任,在遵义会议前后的争论中,在反对张国焘分裂党和红军的斗争中,体现了顾全大局的先辈风范。

在缺衣少粮的行军路途中,红军将士们严守三大纪律八项注意,保证民族政策的贯彻执行,对百姓秋毫无犯,赢得了民心,获得了劳苦大众的广泛支持。在当年红军长征经过的地区,至今人们还珍藏着红军留下的借条字据,流传着一段段佳话。

在前有堵截后有追兵、生死存亡的作战过程中,各路红军互相配合,协同作战,有的先锋和后卫部队孤军奋战,以鲜血和生命抗击数倍于己的敌人,以悲壮的牺牲掩护主力行动,确保了中央机关的安全,但谁都没有怨言,书写了传奇式的战例,充分体现了大局为重、团结协作的精神境界。

毛泽东曾经说,长征是播种机,那是因为"它散布了许多种子在十一个省内,发芽、长叶、开花、结果,将来是会有收获的"。如今,长征已经胜利结束80年,而长征中孕育的伟大精神,却是永恒的。那种顾全大局、严守纪律、紧密团结的精神,穿越时空,对今天乃至以后都产生着巨大影响。它是克敌制胜的法宝,是保证我们革命和建设事业从胜利走向胜利的强大力量。它鞭策着我们在改革开放和经济建设中,遵守各项法规制度,从大局出发,团结一切可以团结的力量,各方齐心协作,将各项事业做得更好;它激励着全国各族人民,团结一心,众志成城,为实现中华民族伟大复兴的中国梦而努力奋斗。

目录

长征篇（1934年10月—1936年10月）

"铁屁股"苦战阻追兵 …………………………………… 003
银圆加检讨信 …………………………………………… 007
教堂里的那场"同乐会" ………………………………… 011
"万苦留芳"的草地"大餐" ……………………………… 015
"哪有红军打红军的道理" ……………………………… 019
"要我这个'朱'去反'毛'，我可做不到！" …………… 023
哈达铺借锅 ……………………………………………… 027
徐海东慷慨解囊传佳话 ………………………………… 031

抗日战争篇（1937年7月—1945年8月）

八路军夜袭阳明堡 ……………………………………… 037
延安"第一恋爱凶杀案"发生后 ………………………… 041
任弼时的绰号 …………………………………………… 046
陈毅义释韩德勤 ………………………………………… 050
走着一条痛苦的血染的路 ……………………………… 054

解放战争篇（1945年8月—1949年9月）

"皮旅"为什么会姓"皮"？ ……………………………… 061
邓小平枪毙违纪部下 …………………………………… 065

潘汉年香港秘密渠道送精英 ·················· 069
解放军夜宿上海大马路 ························ 073

社会主义革命和建设篇（1949年10月—1978年12月）

"我们一起种新疆这块大田" ·················· 079
邱少云在烈火中永生 ···························· 083
徐立清让衔的故事 ································ 087
邓稼先隐姓埋名研制"大炮仗" ·············· 091
当上了农民的"小燕子" ························ 095
像春天般温暖 ······································ 099
周恩来藏在心底的秘密 ························ 103

改革开放篇（1978年12月—）

献了血肉献女儿的"白衣圣人" ·············· 109
悬崖上的"夫妻学校" ·························· 113
朴素如云的爱 ······································ 117
一颗在洪水中闪光的灵魂 ···················· 121
那张褪色的军用吊床 ·························· 125
维吾尔族村支书"一碗茶水端得平" ········ 129
犹有花枝俏 ·· 134
"有一种舍弃令人敬重" ························ 138
舍小家为大家的赵久富 ························ 142
接下"星球上压力最大的职业" ·············· 146
"只有中国医生一直坚守" ···················· 150

结语 ·· 155

长征篇

(1934年10月—1936年10月)

　　1934年10月,第五次反"围剿"失败后,中央红军被迫踏上了艰苦卓绝的长征之路。一路上,敌人重兵的围追堵截,雪山草地的艰难险阻,饥饿严寒的逼迫威胁……都没能阻挡这股头戴红星、脚踏草鞋的钢铁洪流滚滚向前。

　　在党的坚强领导下,英勇的红军将士上下一心、众志成城,涌现了像宁可全军覆没也要掩护主力安全撤退的红五军团、制止内讧反对分裂的徐向前、为了红军内部团结忍辱负重的朱德总司令、自己勒紧裤腰带资助中央红军的徐海东等那样的团体和人物;更有给邻居"写检讨"、向百姓"借锅"的小故事;还出现了长征中召开联欢会、过草地争相尝毒草的感人情景,生动诠释了顾全大局、团结守纪的长征精神……

"铁屁股"苦战阻追兵

1933年9至10月,蒋介石调集国民党军约100万兵力,对中央革命根据地进行第五次大规模"围剿"。在当时掌握中央领导权的博古和共产国际军事顾问李德的错误指挥下,红军最终反"围剿"失败。1934年10月,中央领导机关和红军主力被迫离开根据地进行转移,开始长征。

途中,红军不仅要跨越前进道路上的艰难险阻、雄关要隘,还要打破敌人重兵的围追堵截。为了主力的安全转移,不但要有一支英勇善战、攻无不克的前锋部队,更需要有一支勇敢坚定、能攻善守的后卫部队。经过慎重考虑,中革军委最后将这一异常艰巨的任务交给了以善于防守而著称的红五军团。

当后卫是个苦差事,既要竭力阻击数倍于己的追兵,又要竭力避免与主力失去联系以致全军覆灭的危险。而红五军团最终以顽强的阻击和悲壮的牺牲为自己赢得了声誉。红军队伍中流传着这样一句话:"红一军团打先锋,攻无不克;红五军团殿后,守无不固。"由此,红五军团被称作"铁后卫""铁屁股"。

遵义会议后,在毛泽东的正确指挥下,红军四渡赤水,进军云南,准备抢渡金沙江进入四川。当红军大队人马向金沙江挺进时,被拖得晕头转向的蒋介石才如梦初醒,他下达命令,控制渡口,毁船封江。

金沙江属于长江的上游,水深江阔,水流湍急,敌军飞机天天在江面上低飞侦察,局势非常严峻。如果红军过不了江,就会被追上来的敌人压进深山峡谷,招致全军覆灭的危险。

金沙江皎平渡

1935年4月底,中央红军来到金沙江畔,决定兵分三路分别在龙街、洪门、皎平渡过江。

5月3日晚,军委纵队先遣队干部团抢先占领南岸皎平渡口,缴获了停留在江上的两条送探子来南岸探查情况的渡船,于是便乘坐这两条船悄悄地渡到北岸。敌人的哨兵以为探子回来了,没有防备。红军来了个突然袭击,很快歼灭北岸渡口的国民党守军,控制了皎平渡两岸的渡口。后来,他们又找到了5条船,动员了36名艄公。

而红一、三军团分别抢占龙街渡口和洪门渡口后,在这两个渡口都没有找到船只,加上江宽水急无法架桥,大军不能过江。军委命令他们转到皎平渡过江。

按照部署,在中央红军渡江时,红五军团奉命在江南的石板河一带阻击追兵3天。

石板河位于云南省禄劝县掌鸠河上游,因河床都是平展的岩石,远远望去就像一块巨大的石板铺在清澈的河水下面,人们称之为石板河,附近村子因之得名石板河村。这个村庄背靠大山,山的另一边是坎邓村。翻过大山,通过山顶的小庙垭口,再穿过石板河村,下山约50公里,就到达皎平渡。这里是通向江边的唯一通道,地势很是险要。

接到阻敌任务后,红五军团军团长董振堂亲自到石板河附近察看了地形。他指着险峻的群山,对干部们说:"虽然敌人可能调主力来攻打我们,但是没有什么了不起,我们采取节节抗击的打法,这些山就会帮我们的大忙。"

他把兵力分散配置在山前高地和各个制高点:将三十九团布

置在坎邓村附近,作为第一梯队;三十七团布置在石板河背后的大山上,作为第二梯队;前沿指挥所设在小庙垭口,军团总部驻在石板河村。

在红五军团进入阵地的第三天,国民党追兵的先头部队近万人已经追到这里。形势十分紧张。

红五军团部分将士在延安

当敌人刚到坎邓村,还没站稳脚跟,就遭到三十九团的迎头痛击。一时间杀声四起,枪声大作,敌人顿时晕头转向,赶紧后撤。三十九团战士一直将敌人追至坎邓村以南20多公里处的团街镇,才算完成伏击,而后撤离。

第二天,敌人重整旗鼓反扑过来,先用炮火猛烈轰击三十七团防守的山头,然后一步步逼近红军阵地。在敌人炮火猛烈时,三十七团的战士们隐蔽在事先筑好的战壕工事里,严阵以待;等到炮火一停,他们就伏在掩体上居高临下,紧盯着号叫着往上冲的敌人,沉着冷静地等待最佳出击时机;等到敌人接近前沿阵地,战士们步枪、机枪一齐开火,一串串手榴弹在敌群中爆炸,大大小小的石块自天而降,打得敌人鬼哭狼嚎,弃尸而逃。

红军借助有利地形,加上灵活顽强的战术,节节抵抗,筑起了一道铁壁铜墙,把数倍于己的敌人阻击于此,使其没能向皎平渡前进一步,为主力渡江赢得了时间。

敌人不甘失败,两个纵队云集山下,又一轮进攻就要开始了。

在战斗打得正激烈时,中央派总政治部代主任李富春来到五军团传达指示。李富春说:"数万主力正依靠7只木船日夜渡江,现在已渡过三分之二,只要你们再坚持三天三夜,蒋介石数十万军队对我们的围追堵截，就会破产！"他鼓励大家："党中央要我转告同志们，中央相信五军团是能够完成这个光荣而艰巨的任务的！希望大家发扬红军以一当十的顽强精神，务必坚守住阵地，决不让敌军前进一步！"

接到指示后，董振堂召集了团以上干部开会。在会上，他挥动着拳头，坚定地下达命令："这里往北50公里就是金沙江，南边是敌人的追兵，我们这是背水一战！任务完成得好坏，直接关系到主力的安危。我们一定要守住阵地，人在阵地在，即使全军覆没也要坚决完成任务！"会后，干部们分赴各阵地进行传达。全体指战员群情激昂，发誓：就是五军团打光了，也要掩护主力安全渡江！

后来，敌人又发动了数次进攻，均被击退。红五军团像一个"铁闸"一样，把国民党追兵死死堵在了这条唯一的通道上。敌人见进攻不成，主力又离得太远，害怕自己被全部消灭，只能退回团街镇防守。

这样，红五军团在石板河一带坚守了九天九夜，在主力全部过江后的一个傍晚，接到了撤出阵地迅速渡江的命令。于是，他们立即交替掩护撤离了石板河，急行军到达皎平渡，在夜色掩护下全部渡过了金沙江。之后，将士们凿沉了渡江的7条木船，对尾随而来的敌人关上了追击的大门，使国民党追兵只能看着红军丢弃的一双双破草鞋望江兴叹。

银圆加检讨信

在云南省东北部昭通地区云、贵、川三省交界处,有一个多民族聚居的地方——威信县城扎西镇,"扎西"是彝语"扎息"的变音,意为周围有茂密森林的海子。

1935年2月,中共中央率中央红军陆续到达威信县。

2月6日,这一天正好是农历正月初三,春节前夕下的一场雪还在断断续续飘洒着,给扎西的远处山峦、近处农舍披上了银装,那平日里苍翠的松林竹海也被装点得如玉树琼花一般,一片洁白。一大早,天蒙蒙亮,一面面鲜红的旗帜由远及近,像一簇簇燃烧的火苗,在这冰雕玉砌的世界的映衬下,越发显得鲜艳夺目——红军队伍冒着大雪来到这里。

当时的扎西小镇不过300来户人家,屋舍破败,居民寥落,即便是春节期间街市上也冷冷清清,只有零星几家铁匠铺在作业,一条土路在雨雪的浸淫下泥泞不堪。一队大军的到来,让这里的百姓十分惶恐,躲的躲藏的藏,也有胆大的只是很好奇地远远观望着。

镇上较好的建筑是老街上的江西会馆(又称江西庙)和湖广会馆(又称禹王宫),是当地常见的木结构建筑,比较宽敞结实,足以挡风避雨。中央红军来到后,就把总部设在江西

扎西会议会址

会馆大殿内,周恩来和朱德住在紧邻会馆大殿的左厢房。与大殿和厢房呈直角的左侧两层楼房的二楼被设为会议室。湖广会馆位于江西会馆的右下方200米处,也是传统的四合院结构,由大殿、左右厢房和戏楼组成。毛泽东和张闻天住在湖广会馆背后的一套三间独立的房子里。

第二天,红军就在禹王宫召集当地百姓开会,总政治部代主任李富春向群众宣传了共产党的主张和红军的群众纪律,介绍了全国形势,揭露了国民党反动统治,号召劳苦大众团结起来,打倒土豪劣绅,同时动员穷苦百姓参加红军,赶走日本侵略者。接着,红军将打土豪没收来的粮食、布匹、盐巴、猪肉等分给穷苦人。

这大过年的,平日里食不果腹、衣不蔽体的当地百姓拿到这么丰盛的物品,一个个激动不已,欢天喜地,对红军千恩万谢。

入夜,狂风呼啸,雪越下越大,在红军战士宿营地,战士们搭的营帐有不少被吹倒了,但是衣衫单薄的红军战士宁愿在风雪中受冻,也坚守纪律不愿打扰百姓。百姓们看在眼里,纷纷前来请红军到他们家中烤火取暖,有的端来热腾腾的汤水让战士们喝下暖暖身子。

这些日子,中央政治局接连开了三次会议,即在水田寨召开的政治局常委会议、在大河滩召开的政治局会议、在扎西镇召开的政治局扩大会议。由于会议是在扎西结束的,所以这几次会议被统称为"扎西会议"。会议根据敌情变化确定了中央红军新的战略行动方针;研究部署了红军的精简缩编问题;做出了回师黔北,重占遵义的重大决策;做出了成立中共川南特委和组建中国工农红军川南游击队的决定。

一天的会议下来,周恩来感到又累又饿,他神色疲惫,回到了住处,坐在椅子上。半晌,他招呼警卫员小魏过来,说:"小魏呀,看看我们还有什么吃的没有,有点饿了。"

小魏急忙跑到放行李包袱的地方一阵翻找,这才发现带的干粮已经吃光了。他回头看了看周恩来,只见他眉头紧蹙,双眼微闭,一脸倦容。小魏张了张嘴,心里十分不忍,就把话咽了下去,不声不响地出门找食物去了。

来到一户人家的门口,门虚掩着,小魏敲敲门,没人应,便轻轻一推,门开了。他又喊了几声还是没人回答,便走了进去。

看来主人没在家,小魏急着找吃的,啥也没想便直奔厨房。他跑到灶台前揭开锅盖一看,锅里空空的,桌上几只空碗,也没有什么可吃的东西。于是,他又上前打开墙角处一只小木柜的柜门,一阵翻找,结果,居然发现了几只鸡蛋和一点玉米面。小魏高兴得几乎要跳起来,这下可解决了大问题!他立即盛了一碗玉米面,用衣服兜上两只鸡蛋,转身就跑。

刚跑两步,突然想到红军不拿群众一针一线的纪律,小魏便想把主人找来,照价购买。可他屋里屋外寻遍了,喊破了嗓子,却怎么也找不到主人。周副主席还饿着肚子呢!他心里一急,便自作主张把食物带了回去,心里想着等一会儿再过来给主人付钱就是了。

回到住处,小魏手脚麻利地一阵忙乎,煮熟了鸡蛋,做好玉米糊糊,立即端到周恩来面前。

饥肠辘辘的周恩来一看有吃的,笑着打趣地说:"真香!还是你们年轻人有办法呀!"

他刚把碗端到嘴边,突然想到了什么似的,停下来又问:"你在什么地方得到这些好东西?给人家钱没有?"

"在村头那家弄到的,还没……"一听周恩来这么问,

红军时期的周恩来

小魏有些吞吞吐吐的。

"啊？你拿了人家的东西居然没付钱？"周恩来的脸立即严肃起来，刚刚端起的碗又重重地放了下去。

小魏只好硬着头皮把事情经过说给周恩来听。

可周恩来还是严厉地说："我不能吃！你把这些东西送回去！"

"玉米面已煮成粥，生鸡蛋都煮成熟的了，怎么好送回去呢？"小魏感到十分为难。

周恩来说："怎么不好送回，债有主呀！向老乡写个检讨……"

这时，在一旁的另一个警卫战士见状，上前恳求道："周副主席，我们写一个检讨吧，再留些钱在主人家装鸡蛋的篮子里，这样做是不是可以？"

周恩来沉吟片刻，想了想，觉得也只能这样办了，便点了点头："好吧，只能如此了！"

小魏等人听后，连忙走出屋外，商量着写了一个检讨条子，再次找到了那户人家，将字条和一块银圆留在那家村民的屋子里。

扎西会议结束后，2月10日，中央红军完成了在扎西的集结。这时，敌人的主力再次逼近。中革军委命令各军团掉头东进，向敌军力量薄弱的遵义进军，取得了长征以来的第一次大胜利——遵义大捷。

教堂里的那场"同乐会"

1935年6月12日,长征途中的中央红军派出的先头部队在翻越夹金山后,在懋功(今四川省阿坝藏族羌族自治州小金县)的达维村,与前来接应他们的红四方面军二十五师先头部队会合。

会师的喜讯立即通过电台传到了各自总部。

两天后,这个宁静的小山村沸腾起来,到处是欢声笑语。原来,毛泽东、朱德、周恩来、张闻天等中央领导率中央红军主力部队翻过夹金山,也来到了达维,受到红二十五师战士们的夹道欢迎。"工农红军万岁!""中国共产党万岁!"的口号声此起彼伏,一阵比一阵热烈。大家使劲地鼓着掌,沉浸在长征以来最热烈的欢乐之中……

6月15日一早,太阳刚刚升起,中央首长们就率部离开达维,披着朝霞一路往西向懋功进发。

懋功,是川西北高原一个不太起眼的藏区小城。中央红军到达懋功后,受到李先念率领的红四方面军驻懋功部队的热烈欢迎,小城里到处旌旗招展,人欢马啸。红四方面军将士们个个精神饱满,笑容满面,热情地找中央红军

达维桥

懋功教堂

的战友交谈,纷纷把早就准备好的草鞋、毛袜、羊皮等慰问品送给他们,还把自己背着的干粮都拿了出来,使一路上历经艰辛、忍饥挨饿、衣衫褴褛的中央红军将士们感到无比温暖。

当天,毛泽东等中央领导同志被安排住在一座法式教堂的东厢房里。在这里,毛泽东、周恩来、朱德、张闻天等中央和军委领导会见了李先念。

毛泽东说:"过去两支红军独立作战,现在会合了。这样,我们的力量更大了。"他还详细询问了红四方面军的情况,李先念都一一做了详细汇报。

这天,一位英姿飒爽的女红军来找李先念,她自我介绍说她叫李伯钊,是红军总政治部的宣传干事,今天来是有事请示。

"不用客气,请讲。"

"总政治部宣传部部长陆定一同志说,两军大会合是红军开天辟地的大喜事,让我来表示热烈的欢迎。另外,想问你们人到齐没有,我们总政治部准备开个联欢同乐会。"

李先念一听,来了兴趣:"好哇,我也正有这个打算!我们部队已经全部按时到达了。"

李伯钊还说:"我和陆定一部长还合写了一首《两大主力会合歌》呢!"接着,她就轻轻哼唱起来:"一个英勇善战,不畏艰难;一个腹有良谋,运筹帷幄……"

她说:"头两行是写红四方面军的,后两句是写中央红军的。"

李先念听完后激动地说:"这首歌太好了!唱出了两个方面军的长处,一定要让这首歌在红军中唱起来,我看,这个联欢会明天就开!"

21日下午，红军总政治部宣传部在部长陆定一的带领下，在教堂里早早地布置好了会场。

　　接着，中央红军代号为"太阳"的某部以主人的身份，排着整齐的队列，挥舞着小旗，齐聚在教堂内外，热烈欢迎红四方面军驻懋功部队的全体干部来到会场。两军官兵肩并肩手拉手，席地而坐，等待着同乐会的开始。大家来自天南地北，各自操着不同的口音，有着不同的经历，虽然素昧平生，却一见如故，一个个有说有笑，兴奋异常。他们相互介绍着自己的部队和经历，整个会场，洋溢着一片团结欢乐的气氛。

　　当时，除了军政代表，还吸引了不少群众参与。由于场地的限制，当地乡亲没办法进入主会场，他们就爬到树上、墙头观看。大家把教堂内外围得水泄不通，场面十分壮观。

　　不一会儿，同乐大会正式开幕了。

　　关于这场联欢同乐会，当时红军的《红星报》曾有如下生动的报道：

　　"太阳"纵队21日在懋功开了一次干部同乐会，四方面军驻懋功部队的干部亦全部参加。在未开会之先，唱歌呀，谈话呀，两方面军干部互相谈说战绩，整个的会场，充满着欢快的表情。同乐大会正式开幕了。首先是党中央和总政治部的代表博古与朱总司令的演说，告诉了全体干部目前的有利处境，两大主力会合的意义与我们的战斗任务。接着，便是五大碗的会餐。这时有同志起来报告"猛进"剧社到了，掌声大起，表示欢迎他们的盛意。会餐以后，晚会开始。首先有"火线"剧社的小同志的唱歌和跳舞，接着有"火线"剧社与"太阳"纵队的一些名角演《十七个》的名剧。最后，"猛进"剧社表演《破草鞋》。这两出戏无论在剧情上还是在艺术上都是成功的。边章武同志的京调，李伯钊同志的跳舞，都博得了大家的各处的掌声。会场气氛盛极一时，为反攻以来第一次！……

　　报道中所说的"五大碗"是四川民间筵席的上菜标准，通常是指盛得冒了尖的五大碗肉制品。这次主菜是热气腾腾的牦牛肉、羊肉、土豆片，饭是青稞、玉米面疙瘩。每桌席上，还有一大盆醇香四溢的青稞酒。朱德总司令一声令下，同志们放开肚量，吃得十分香甜。

会餐完毕，晚会开始。当时的条件艰苦，演出用的舞台是土戏台子，又小又破旧，台面坑坑洼洼，但"火线"剧社的小队员们全然不顾，一个个表演得十分认真投入。台下官兵看了深受感动。

红四方面军"猛进"剧社表演的《破草鞋》是一出小话剧，剧情介绍的是蒋介石处心积虑"追剿"红军，但最终都一一破产，蒋介石一无所获，仅仅拾到了红军的一双破草鞋。当演到剧中的蒋介石拾到"破草鞋"后，凑上去用鼻子闻了闻，然后气急败坏地扔在地上时，那滑稽的丑态、夸张有趣的表演逗得大家笑得前仰后合。

李伯钊上台表演了乌克兰水兵舞，她身姿婀娜，舞步轻盈，四方面军的干部一边欣赏一边啧啧称道："中央红军里的能人真多啊！"

会后，李伯钊来到各部队，教唱那首《两大主力会合歌》，将士们学了就唱，一时间，整个懋功到处飘荡着嘹亮的歌声：

  铁的意志血的牺牲，
  换得伟大的会合，
  为着奠定赤化全国巩固的基础，
  哎，为着奠定赤化全国巩固的基础，
  高举红旗往前进！

"万苦留芳"的草地"大餐"

1935年8月,红军从四川毛儿盖出发,北行20公里进入了川西北若尔盖地区的茫茫草地。

这是一块纵横数百里、渺无人烟的沼泽地,位于青藏高原与四川盆地的过渡地带。这里河汊横生,地势低洼,水流淤滞,经年水草,盘根错节,结络成片,远远望去,如绿色海洋般茫茫无边看不到尽头。

此时的草甸正繁花似锦,那些五彩缤纷的野花交织成一块巨大的魔性花毯,看上去美丽非凡,实际上下面掩盖着吃人的陷阱——草甸之下,积水、淤泥和着腐草,形成绵软的泥潭,散发着腐臭味。一旦不小心陷进泥沼,浅处没膝,深处没顶,如果拼命往上挣扎,会越陷越深,来不及抢救就会被污泥吞噬。这是一条从来没有人走过的可怕的路。

蒋介石曾经判断红军去向有多种可能,唯独认为松潘草地乃天然地障,飞渡不易,只要北堵南追,红军肯定插翅难逃。但是,他没有想到,越是不可能走的路,红军偏偏要创出奇迹。在毛儿盖会议上,毛泽东提出了一条出敌不意的进军路线:横穿草地,北出陕甘。

红军过草地时已是初秋季节,草地区域中

红军走过的草地

午烈日炎炎,入夜又寒风凛冽,将士们身着单衣挨冻受寒,更可怕的是食物短缺,饥饿难挨。

进入草地前,红军想尽一切办法筹粮。将青稞脱壳搓成麦粒,再碾成面粉炒熟,便成了干粮炒面;宰杀马匹、牦牛,做成肉干以备食用;还要准备烧酒、辣椒或辣椒汁御寒。但是,由于这一带山多人稀,土地贫瘠,物产不丰,加上当地居民受到敌人的欺骗宣传,纷纷逃离躲藏,筹集粮食非常困难。虽然尽了最大努力,红军筹到的粮食还是不够全军之用。一般战士准备的干粮,两三天就吃完了。这时候,草地才过一半,有的甚至不到一半。粮食不足,使红军在过草地时付出了太多的生命代价。

渐渐地,红军只能靠吃野菜、草根、树皮充饥。实在没吃的了,战士们就将身上的皮带、皮鞋、皮毛坎肩,还有马鞍子,甚至是草鞋上的皮襻襻、锣鼓的鼓皮都拿出来,煮软后,小心刮去表面,吃里面的牛皮。

在这样艰苦的环境中,红军队伍官兵一致,患难与共,上至领袖下到小战士,心与心贴得更紧。

由于缺粮,毛泽东指示副官杀了几匹马,把马肉分给伤病员吃,自己却只吃青稞野菜。警卫员戴天福身患疟疾,病情越来越重。临终前,他委托卫生员带给毛泽东一个纸包,里面是发给重病号的一小块马肉。卫生员向毛泽东报告了这个消息,并把那块马肉交给毛泽东,流着泪说:"戴天福同志临死的时候,让我把这块马肉一定要交给毛主席!他说,他没有什么牵挂的,只盼望革命成功。请您多多保重身体。还让我转告警卫班的其他同志好好照顾您!"毛泽东听了眼睛湿润了,他久久没有说话,缓缓摘下军帽,为警卫员默哀。周围的七尺男儿,一个个失声痛哭……

红四方面军战士周广才长征过草地时吃剩的皮带

一天,红军战士罗玉琪等几个掉了队,他们走累了就都躺在地上。这时李副连长来了,背上还背着一个红小鬼。他一见他们躺着,忙喊道:"快起来,这儿怎么能躺下,同志们,要咬紧牙关,一定要赶上去!"天黑休息后,李副连长让大家烧起了火,又不知去哪儿打了一只野山羊回来,给大家饱吃一顿大餐,他自己却悄悄躲在一边吃野菜,被战士们发现后,他才过来拿了块羊肝。第二天前进时,一个战士突然昏倒了,大家忙往他脸上喷了好几口冷水,他才苏醒过来。这时,李副连长从挎包里掏出一个树叶包,递了过去。那个战士解开小包,发现里面竟是只咬去一小点的那块羊肝……

为了战胜饥饿,走出草地,组织发出了"尝百草"的号召。茫茫草地,毒草丛生,要尝出一种能吃的野草往往要付出很大的代价,轻者中毒,重者可能死亡。于是,大家就召开一次党小组会,选出一人先尝,鉴别出无毒野菜供大家充饥。这时,大家往往都争抢这个危险的任务,党员要求先尝,要求入党的积极分子也要先尝,年老的要尝,年轻的也要尝,都想把危险留给自己,生存留给别人,场面感人至深。

红四方面军通信营通讯班班长张思德在"尝百草"的活动中,总是抢在前头。见到一种草,他总是首先尝一尝,找到一种能吃的草,然后马上去告诉兄弟单位。

有一回,部队来到一片水草丰盛的沼泽旁宿营。一个小战士来到水塘旁,忽然叫起来:"野萝卜!野萝卜!"张思德过去一瞧,果然,离水塘不远的地方长着一丛丛野草,叶子绿油油的,跟萝卜叶子差不多。那个小战士兴冲冲地跑过去,拔起一棵就往嘴里送。张思德忙赶上去,一把夺过来,先放到自己的嘴里,细细嚼了嚼,感到又甜又涩。不一会儿,张思德感到有些头昏脑涨,全身无力。又过了一会儿,他感到肚子一阵绞痛,接着大口呕吐起来。他急忙对小战士说:"这草有毒,快,快告诉……"没等把话说完,张思德就一头栽倒,失去了知觉。半个多小时以后,张思德慢慢醒来,模模糊糊地看见小战士端着瓷缸蹲在跟前,他急忙说:"不要管我,快去告诉其他同志。"

老红军田仁乾回忆:"有一次,有个战士偶然在一处洼地里找到一副牛骨架,上面居然还黏着几片肉。他大喜过望,赶紧和几个战友一起,将它搬回营地集体分配:那几片肉给妇女娃娃们,那骨架大部分给了兄弟部队,只留下一小部分归他们几人,作为存粮慢慢吃,大家都乐观地说'这可算是打牙祭了。'"

一天晚上,在草地中跋涉了一天的将士们围着一堆堆篝火休息。这时,有个小战士突然想起了什么似的,在自己的衣袋衣角一阵搜索,最后掏出一小块干瘪瘪的生姜来,他用小刀把生姜切碎,一小撮一小撮地放到大家的茶杯里,笑着说:"姜汤可以御寒取暖,把这个当作胜利酒来喝吧!等到革命成功后,如果我还不死的话,一定要再来看看草地这个怪地方,我们这是'万苦留芳',当年唐僧取经大概也没有到过这里吧!"一席话说得大家全都笑了。

就这样,经过多日的艰苦行军,红军将士们终于相继走出了这片草地,胜利到达目的地。

"哪有红军打红军的道理"

1935年6月,历经艰辛的中央红军(会师之后称为红一方面军)终于在四川懋功(今小金县)和红四方面军会合了,广大红军指战员都兴高采烈、无比兴奋。时任红四方面军总指挥的徐向前也十分高兴。

当红四方面军主要领导人张国焘见到毛泽东等中共中央和中央红军领导人时,看到他们一个个满脸倦容、面黄肌瘦,像个逃荒者,而自己身高体阔、神采飞扬,心里顿时有了极大的优越感。接着,他又发现此时的中央红军人数还不及红四方面军的一半,战士们更是个个衣衫褴褛、瘦骨嶙峋,武器装备也极其简陋,而再看看自己的部下,则一个个精壮矫健、装备整齐,便从心里瞧不起中央红军,对党中央和中革军委的统一领导也轻视起来。先是说话阴阳怪气、拐弯抹角,表面上对中央红军客客气气,背地里却大肆诋毁中央路线,散布"中央政治路线有问题""中央红军的损失应由中央负责""军事指挥不统一"等言论,并在私下拉拢势力,暗地离间红四方面军

叶剑英(右)和徐向前(左)于1937年在陕北合影

和中央红军的关系。接着又以种种借口向中央争兵权,继而又公开反对中央北上的战略方针。

而徐向前整天忙于指挥作战,中央召开的一些重要会议,他未得参加。张国焘的那些争权活动,都是背着徐向前干的,所以他一直被蒙在鼓里。

后来,党中央从团结的愿望出发,适当满足了张国焘的部分权力要求,让他当了红军总政委。同时,终于说服他同意红军北上了。8月初,中革军委决定:红一、四方面军混合编组,分左、右两路北上。左路军由朱德、张国焘和红军总参谋长刘伯承率领;右路军由红军前敌指挥部(总指挥徐向前、政委陈昌浩、参谋长叶剑英)率领,毛泽东、周恩来等中央领导人随右路军行动。

8月20日,作为打通北进通道的主力,右路军向茫茫大草地进军,经过5天的艰苦行军,到达班佑地区。之后,徐向前指挥红军取得了占领包座的胜利,打开了北进甘南的通道。这是两军会合后打的第一个漂亮仗,毛泽东等中央领导人十分高兴,赞扬徐向前不愧是一位出奇制胜的战将。

这时,中央多次致电张国焘,令他率左路军迅速出动,与右路军并肩东进。而张国焘却借口地理、气候、粮食等有困难,一直按兵不动,妄图改变北进方针。

徐向前急了,他忙找陈昌浩商量,认为张国焘这样总和中央闹别扭很不合适。两人联名致电张国焘,指出"迟疑则误尽中国革命大事"。而张国焘对此权当耳边风,置之不理。

毛泽东找到徐向前:"你看怎样才能做通张国焘的工作呢?"

徐向前想了想,说:"如果他们过草地有困难,我们可以派出一个团,带上8头牦牛和充足的粮食去接应。"

毛泽东听了高兴地说:"这个办法好。一发电报催,二派部队接,就这么办。"

谁知张国焘分裂党、分裂红军的决心已定。尽管党中央、毛泽东和徐向前反复劝告,要他率领左路军北进,但他仍执迷不悟,坚持要南下。

9月8日，张国焘竟背着红军总司令朱德，擅自以总司令部的名义发电命令陈昌浩、徐向前率右路军南下。

徐向前此时陷于深深的忧虑和不安之中，对于红四方面军与中央红军会合后出现的复杂局面，他没有一点思想准备。他既不愿意离开党中央和毛泽东，又不想离开他一手创建起来的红四方面军，"右路军如单独北上，等于把四方面军分成两半，自己也舍不得"。这时，原本拥护北上的陈昌浩改变了态度，同意南下。徐向前"想来想去，还是决定和部队在一起，走着看吧"，也只好表示同意南下。

9月9日，这是中国革命史上一个惊心动魄的日子。张国焘第二次发密电给陈昌浩，下令南下并彻底开展党内斗争，企图用武力危害党中央。此电报被前敌总指挥部参谋长叶剑英得知，并迅速报告了毛泽东。在这危急时刻，毛泽东在紧急会议上当机立断，决定趁深夜率领红一方面军的红一、三军（会师后，军团统一改为军）及军委纵队一部单独北上。

10日凌晨，中央红军秘密北上后，右路军中的红四方面军忙乱起来，又是电话，又是议论。

徐向前后来回忆说："第二天凌晨，我们才知道。那天早晨，我刚刚起床，底下就来报告，说叶剑英同志不见了，指挥部的军用地图也不见了。我和陈昌浩大吃一惊。"

"发生了如此重大的意外事件，使我愣了神，坐在床板上，半个钟点说不出话来。心想这是怎么搞的呀，走也不告诉我们一声呀，我们毫无思想准备呀，感到心情沉重，很受刺激，脑袋麻木得很。"

这时，前沿部队中有人不明真相，在电话里请示陈昌浩说："中央红军走了，还对我们警戒，打不打？"

陈昌浩手里拿着手电筒，问徐向前："怎么办？"经历过人世间少有的苦难、官兵一致、同甘共苦的红军，现在居然要互相打起来！徐向前愤怒了。在这严峻的关头，他毫不犹豫，厉声地说道："哪有红军打红军的道理！叫他们听指挥，无论如何不能打！"

关键时刻，这几句话字字千钧，稳住了阵势，避免了一场灾难，维护了红军的团结，保护了党中央和毛泽东等领导人的安全。事后，徐向前说："陈昌浩不错，当时完全同意我的意见，作了答复，避免了事态的进一步恶化。他是政治委员，有最后决定权。假如他感情用事，下决心打，我是很难阻止的。在这一点上，不能否认陈昌浩同志维护团结的作用。"

党中央和毛泽东率右路军中的中央红军北上后，徐向前彻夜难眠。他想到党和红军的前途，不禁把头蒙在被子里，痛哭了一场。到了晚年，他还为自己当年没有明确表示跟党中央共同北上，执行了张国焘的南下命令而感到终生抱愧。

之后，在南下的岁月里，徐向前与朱德等人同张国焘的错误路线进行了有理、有节的斗争，最后在共产国际的帮助下，张国焘不得不同意北上。

1936年7月，红二、四方面军在四川甘孜会师，之后共同北上，10月先后在甘肃省会宁县城和静宁县将台堡（今属宁夏回族自治区西吉县）与红一方面军会师。至此，红军三大主力胜利会师，长征胜利结束。

"要我这个'朱'去反'毛',我可做不到!"

1935年9月,由于红四方面军主要领导人张国焘怀有个人野心,自恃手下兵强马壮,对抗党中央的北上方针,导致一、四方面军在会师3个月后又在草地分离了。

9月11日,右路军中的红一方面军在党中央的率领下脱离险境,到达甘肃省南边的俄界(今甘肃迭部县高吉村)。当天,中央再次严正电告张国焘,要他立即率左路军向班佑、巴西地区开进。但张国焘仍拒不执行。

12日,中央在俄界召开了政治局紧急扩大会议,做出了《关于张国焘同志的错误的决定》,批判了张国焘的严重错误。

这时,同张国焘一起在左路军的红军总司令朱德,处境艰难而危险,但他知道随党中央北上陕甘的红一方面军主力仅有7000余人,加上陕甘苏区的红军也不到1.5万人,而随张国焘南下的部队人数仍在8万以上。这是一支十分重要的革命力量,不能丢给张国焘。从维护红军团结的

1936年毛泽东与朱德在保安

大局出发,朱德不顾个人安危,毅然决定留在这支队伍里,跟着南下,一定要把它带回到党的正确路线上来。

红一、四方面军分离后,张国焘9月中旬在阿坝开会,对抗中央的俄界会议,在会上大肆攻击中央北上行动是"无止境的逃跑"。

张国焘明白,朱德和毛泽东关系非同一般,说服了朱德,就一切都好办了。而且朱德手上还有全军仅有的一部无线电手摇发电机,张国焘一直想占为己用。一天晚上,张国焘采取突然行动,带着他的特务营,包围了朱德的司令部,然后登门"造访"。他用命令的口吻对朱德说:"第一,你必须公开谴责毛泽东,断绝同毛泽东的一切关系;第二,你必须公开谴责中央北上抗日的决议,与毛儿盖会议划清界限。"

朱德平静地看了张国焘一眼,柔中带刚地答道:"毛泽东同志的领导是正确的,北上抗日是中央的决议,我是举手赞成的,我是共产党员,我的义务是执行党的决定,不能反对它!"接着又补充道:"你可以把我劈成两半,但你却割不断我和毛泽东同志的关系。朱毛朱毛,外国人都以为朱毛是一个人,哪有'朱'反对'毛'的!"一句话让张国焘无言以对。

在朱德义正词严的鲜明态度面前,张国焘和他的亲信威胁说:"既然你主张北上,那你就赶紧离开好了。"

朱德看穿了他们的企图,明确回答:"我是党中央派来工作的,我不能离开部队!我虽然不能随中央北上,只能跟着你们南下,但南下是没有出路的,你们将来还是要北上!"

同在左路军的红军总参谋长刘伯承也表示坚决拥护党中央的北上政策。

为了挑拨朱德与毛泽东的关系,有一次,张国焘在会上造谣说:"毛泽东他们走的时候,把仓库里的枪支弹药、粮食,还有一些伤员,统统放火烧了。"

朱德立刻愤然说:"这纯粹是谣言!从井冈山开始,毛泽东就主张官兵平等,不准打人骂人,宽待俘虏,红军的俘虏政策就是他亲定的,对俘虏还要宽待,怎么会烧死自己的伤员？过草地干粮还不够,动员大家吃野菜,怎么会把粮食烧掉？这种无中生有的谣言,是别有用心的人制造出来的!"朱德这一番有根有据的话,直驳得张国焘面红耳赤,张口结舌。

朱德一身正气,处之泰然,张国焘更加怀恨在心,指使手下将朱德的警卫员调走,连门卫也撤掉。朱德对这一伎俩嗤之以鼻:"不就是想杀人不用刀吗？"

1935年10月5日,利令智昏的张国焘在卓木碉召开高级干部会议,公然宣布另立以他为首的"临时中央",企图与党中央分庭抗礼。此事来得突然,人们都傻了眼。

接着,张国焘又借题发挥,煽动大家对中央的不满。结果,在他的挑唆煽动下,"大家你一言,我一语,责备和埋怨中央的气氛,达到了高潮"。这时,张国焘得意扬扬,要朱德表态,想拉拢朱德为自己装门面。朱德语重心长地对大家说:"大敌当前,要讲团结嘛!天下红军是一家。中国工农红军在党中央统一领导下,是个整体。大家都知道,我们这个'朱毛',在一起好多年,全国全世界都闻名。要我这个'朱'去反'毛',我可做不到呀!""不论发生多大的事,都是我们红军内部的问题,大家要冷静,要找出解决的办法来,可不能叫蒋介石看我们的热闹!"

对于张国焘的分裂行径,朱德、刘伯承等进行了坚决抵制。张国焘恼羞成怒,又慑于朱德等在红军中的崇高威望,不敢下毒手,但他开始肆意打击迫害那些反对他搞分裂的红军将士,不少人被抓被杀。

当时,随左路军行动的红一方面军的指战员对张国焘的所作所为十分气愤,有的提出:"单独北上,找党中央去!"有的说:"张国焘要拦我们,就跟他干。"

为防止矛盾激化,做无谓的牺牲,朱德耐心地对他们说:"同志们要顾全大局,要讲团结。四方面军广大干部战士都是我们的阶级兄弟。他们有许多优点,英勇善战,吃苦耐劳,你们应该很好地向他们学习,和他们搞好团结,切不要上少数人的当。团结就是力量,只有加强全体红军的团结,才能克服一切困难,争取革命事业的胜利。"

在最艰难的时刻,朱德既坚持了高度的原则立场,又不轻率地采取任何决裂的做法,既讲斗争又讲团结,始终同四方面军广大指战员在一起。

红四方面军南下后,虽然广大指战员英勇战斗取得一些胜利,但由于张国焘南下方针战略性的错误,始终不能在川康边立足。经过几个月苦战,部队由南下时的8万余人锐减到4万余人。挫折和失败使四方面军广大指战员逐渐认识到张国焘南下方针是错误的。而此时毛泽东率领中央红军和红十五军团在陕北会师,并取得直罗镇战役的胜利,为建立西北革命根据地奠定了基础。

严酷的事实宣告了张国焘南下行动的彻底破产。后经朱德、刘伯承、徐向前等人的坚决斗争,经党中央毛泽东的多次争取和挽救,加上形势所迫,张国焘不得不宣布取消"临时中央",同意北上。

1936年7月,红二、六军团(会师后改称红二方面军)北上到达四川甘孜,和红四方面军会师。之后,两大方面军分三路纵队,踏上了继续北上和党中央会合的征程。

哈达铺借锅

哈达铺，位于甘肃省陇南市宕昌县西北部，是一个大镇。自明代在此设铺（街市）以来，这里就成了甘南地区的"旱码头"。此地盛产药材当归，由于品质上乘，信誉好，吸引了陕西、山西、河北、四川、广州、上海等地的客商前来经商，置地买房，设立商铺，生意兴隆，因而久以富甲一方闻名天下，成为川甘交界处著名的商贸重镇。

1935年9月18日，中国工农红军一方面军（懋功会师后中央红军改称红一方面军）的先头部队红一军团直属侦察连，在突破天险腊子口后，越岷山，过施窝、大草滩，来到哈达铺，在这里侦察敌情、筹集粮食和物资，为中央领导和主力部队的到来做准备。

小镇有居民二三千人，一条长1200多米的主要街道横穿其中，两旁有300多家店铺，茶舍酒馆、药店当铺一家接着一家，鳞次栉比，招幌林立，街上熙熙攘攘，人来人往，十分热闹。

这条街的上街有一家"义和昌"药铺，由3间北房和11间南面临街铺面组成，均为平瓦房。21日，毛泽东等中央领导人率领主力部队抵达哈达铺后，毛泽东和张闻天被安排住在这家的

哈达铺大街

北房,中共中央办公室设在中间正厅。镇"邮政代办所"就在西距"义和昌"药铺约10米的斜对面,有两间临街铺面,在那里可以看到许多国民党报纸。

在"义和昌"药铺东南200多米处的下街,有个叫"同善社"的慈善机构,是一座紧凑的小四合院,北房是3间土木结构的二层楼房,红一方面军司令部和周恩来住室就设在楼下,东西厢房由红军警卫和通信兵居住。

在离"同善社"东面200多米的下街有一座"关帝庙",那里被设为一方面军团以上干部召开会议的地方。

来到这里,一路从人烟最少、最荒芜、最贫瘠的地方煎熬过来的红军将士一个个兴奋不已,啧啧赞叹:"从没遇到过这么繁华的小镇!"

哈达铺的百姓多为信奉伊斯兰教的回民。为尊重回民的风俗习惯和宗教信仰,总政治部在指战员中进行了进入回民地区的教育,颁布了《回民地区守则》,规定:"一、不得擅入清真寺;二、不得任意借用回民器皿用具;三、不得在回民住处杀猪、吃猪肉、猪油。"还要求战士们在百姓中积极宣传北上抗日的意义和民族平等的主张。

当镇上老百姓知道红军的来意和主张后,便倾城出动,端茶送水迎接红军。热情的房东还把自家窖藏了18年、本来要等女儿出嫁时才能取出来喝的"女儿酒"拿出来招待红军战士,好像这些红军是他们的家人。当他们看到红军战士个个讲究礼貌,行为端正,纪律严明,都无不夸赞:"真是好军队!"一些大娘大婶看到红军队伍里有女战

哈达铺红军长征旧址

士,更是惊奇得不得了,一个个拉着女战士的手,左看右看,当确信真是女兵后,她们高兴地请女兵们到家里做客,还做好吃的给她们品尝。

由于小镇物资丰富,民风淳朴,物价也公平(2块大洋可以买到1只肥羊,1块大洋可以买5只鸡,1角钱可以买10只鸡蛋),红军的物资采购也进行起来。没几天,当地群众就帮助筹集粮食6万多斤,肉、蔬菜、烧柴、饲草等物资不计其数……政治部还及时发出"大家要食得好"的号召。于是,每个伙食单位都忙着杀牛宰羊、煮肉炖鸡改善伙食,每顿饭都有三荤两素。同时,部队还给每个战士分发一块大洋。很多人高兴得见人就说:"过年也没有吃得这么好过。"

一天,周恩来的警卫员魏国禄正准备烧饭,一时找不到锅,他急忙跑出去,打算找当地老乡借锅煮饭。

回族老乡打开门,见是红军战士来访,便热情相迎。但当小魏说明来意后,老乡顿时沉默了——由于对共产党对红军了解还不够,他担心把锅借给汉人用,会不小心被沾上猪油。

"不行不行,锅,不能借给汉人。"他把头摇得像拨浪鼓似的。

"老乡,相信我吧!我们有纪律,绝对尊重你们的习惯,绝不会有你想象的那些事的!"任小魏说得口干舌燥,老乡横竖不愿意借。

魏国禄碰了一鼻子灰,快快地回到住处。他越想越气,忍不住直发牢骚:"搞什么嘛!那么不相信人!说了那么多都不愿意借,真小心眼儿!"

周恩来听见了,问明情况后说道:"不借就不借嘛,不用就是咯!再另想办法换一家试试,干嘛这样生气呀?"

"不用?没有锅我怎么做饭?不做饭吃什么啊?"小魏很不服气,气鼓鼓地辩解道。

"我宁可不吃饭,也不能违反政策!同志,这可是我们红军的纪律,难道你不懂吗?"周恩来不禁皱起了眉头,十分严肃地说道。

魏国禄听了低下了头,不得不硬着头皮另想办法,换一家试试。

　　当魏国禄终于借来了锅,准备烧饭时却又傻了眼。原来,身为南方人的他这是第一次见到粟米,开始还以为那金黄色的细小颗粒是油菜籽呢,不知如何下手才能把它煮成熟饭。周恩来看见了,笑着过来,仔细耐心地教他怎么放水,怎么烧开,怎么焖熟。小魏手忙脚乱地按照周恩来教的办法去煮饭,结果还是放多了水,煮出来的饭半稀半干,既不是干饭也不像粥。他很不好意思,红着脸把碗端到周恩来面前,嘴里嗫嚅着。周恩来一看,笑了起来,接过碗大口大口地吃了起来,然后风趣地说:"魏国禄没有违反政策,又做熟了饭,这样的饭吃起来才香呢!"

　　这件事给小魏留下了深刻印象。

　　红一方面军在哈达铺休整了5天。

　　根据全国的斗争形势,和在镇邮政代办所获得的报纸上刊登的重要讯息——陕甘还有红军和根据地,党中央毛泽东最终决定去陕北建立革命根据地,并把部队整编成了中国工农红军北上抗日先遣支队(陕甘支队)。

　　23日,红一方面军离开哈达铺,继续北上了。

徐海东慷慨解囊传佳话

在中国人民解放军65521部队的军史馆里,陈列着几块看上去极其普通的银圆,那是民国时期使用的钱币。为什么解放军军史馆里会收藏银圆呢?原来,这几块普通银圆背后还有一段感人故事,这个故事让这支部队的后来人一直引以自豪。

1935年11月3日,中共中央随陕甘支队(中央红军)经过长征来到陕西省甘泉县下寺湾,与在那一带的红十五军团胜利会师。

一天,毛泽东、周恩来等前往甘泉县的一个名叫道佐铺的村庄(那里是红十五军团的驻地),准备会见红十五军团领导人程子华和徐海东等。

得知毛泽东他们到了司令部,正在前线的红十五军团军团长徐海东快马加鞭、翻山越岭赶了回来。

见到大名鼎鼎的"徐老虎",毛泽东大步上前,紧紧握住他的手说:"海东同志,你们辛苦了!"

"还是毛主席你们辛苦啊!"徐海东连声说道。他看着眼前的毛泽东等人,一个个破衣烂衫,面黄肌瘦,不禁心里一酸,党中央和中央红军这一路一定辛苦极了,艰难极了!11月的北方,天已经

红军时期的徐海东

很冷了,毛主席他们身上穿得这样单薄破烂怎么御寒呢?徐海东立即盘算着要给几位中央领导做几件衣裳,还应该送些东西慰问中央红军。

毛泽东代表党中央向红十五军团的将士表示慰问,并给了他们一部电台,对他们进行鼓励。

中央红军和红十五军团会师之后,在毛泽东的亲自指挥下,红军在直罗镇打了一场大胜仗,一举歼灭敌人一个师加一个团。

战斗胜利结束后,部队携带着胜利品,押解着俘虏,撤离了战场。晚上,当徐海东他们路过毛泽东住的村庄时,只见他住的窑洞里还点着灯。徐海东知道,这些天来,毛泽东十分辛苦,心想:天这么晚了,毛主席怎么还没睡呀,怎么还点着灯呢?他急忙走到毛泽东住的窑洞门口,问门口的警卫员:"主席还没睡吗?""主席晚上是不睡觉的。"警卫员说着把他引进门去。

一进门,徐海东就看见毛泽东披着蓝布旧大衣,在一盏油灯下正聚精会神地工作着思考着,他便没有再惊动毛泽东,悄悄地退了出去。

按照毛泽东的话说,直罗镇战役是"为把中国革命的大本营放在西北举行了一个奠基典礼"。奠基只是建筑工程的第一步,要想在陕北高原将革命的大本营牢固地建设起来,此时正面临着重重困难。

经过艰苦卓绝的长征,中央红军只剩下了不足万人。摆在面前的困难首先是部队缺衣少食。眼看严冬即将来临,将士们身上的衣服却破烂得不成样子。而在这陕北黄土高原上,土地贫瘠,人民穷困,土豪不多,战场的缴获也极少,分得的浮财和战利品无法满足红军的供给。如何筹到粮被让战士们顺利过冬,便成为摆在红军领导人面前的首要问题。怎么办?毛泽东为此深深地苦恼着。

徐海东也早已注意到这个问题,在上次见到毛泽东之后,就命令经理部连夜赶做棉衣,先给毛泽东送去,随后又交代经理部为中央其他领导人做棉衣。可是他却没有想到,一天晚上,毛泽东派人找上门来。

原来,为了解决部队给养等问题,陕甘支队专门设立了采办处,由陕甘支队后勤部部长杨至成任主任。杨至成走马上任后,盘算家底后发现,部队满打满算也只有1000多块大洋了。当时中央红军有7000多人,要想渡过眼前的难关,至少还需要两三千大洋。

杨至成立即将情况向毛泽东、周恩来做了汇报。

"上哪儿去弄这么多的大洋啊?"周恩来皱起了浓眉,满脸焦虑。

毛泽东在一旁没有吱声,他一边吸着手上的卷烟,一边眯着眼想着什么事。突然,他掐灭了手上的烟,站起身来,走到桌前,提起毛笔,蘸了蘸墨,在一张纸上挥笔写了几行字,然后搁下笔,拿起那张写了字的纸,从头看了一遍,然后递给了杨至成。

杨至成一脸疑惑地接过来一看,只见上面写着这样几行字:

海东同志:

请你部借2500元给中央,以便解决中央红军吃饭穿衣问题。此致

敬礼!

毛泽东
1935年12月

这时,毛泽东开口对杨至成说:"我这是帮你写了张借条,你拿去找找徐海东如何?我看他们的日子比我们要好过一点,我相信,只要有可能,海东是一定会帮我们这个忙的。来个穷汉子向穷汉子借钱吧!"

在一旁的周恩来听了,沉思着点了点头。

杨至成将信将疑地拿着那张借条走了。

当晚,杨至成来到红十五军团驻地找到徐海东,把借条递给他。

看完纸条,徐海东盯着"毛泽东"的签名,心像突然坠了一块石头,猛地往下一沉。他的脸上火辣辣的,感到无比愧疚——我怎么那么粗心呐,中央的困难那是明摆着,虽然给毛主席他们几位领导人做了几套棉衣,但就是没有想到该拨出一部分钱款去为中央红军解决困难。如今反倒让毛主席亲自打条子来借钱,这可真是不应该啊!徐海东陷入深深的不安和自责。

杨至成走后,徐海东立即叫人把供给部部长查国桢找来,问:"咱们现在总共还剩多少钱?"

"还剩 7000 块大洋。"查国桢答道。

"那好,留下 2000,5000 给中央!"徐海东大手一挥。

查国桢眨巴着眼睛看着徐海东没有接话。

徐海东对查国桢此时在想什么心知肚明,他说:"我知道,这点钱我们自己就不够用,眼下要过冬了,伤病员的费用就需要花一大笔钱。可是,你想想,中央若不是到了山穷水尽的地步,毛主席怎么会亲自开口向我们借钱?我们就是不吃不穿也要支援党中央,保证他们度过陕北的第一个冬天啊!"

查国桢听了点了点头,说:"好,我这就去办!"

第二天,5000 块大洋就被送到了中央红军后勤部。

徐海东慷慨解囊雪中送炭,让毛泽东一直记着,好多年之后,他还说:"那时候,多亏了那 5000 块大洋啊!"

如今,作为 65521 部队的前身,红十五军团当年送给中央的银圆样品,静静地躺在这支部队的军史馆里。每当参观者走到这里,都会全神贯注地聆听解说员深情地讲述那段往事。

抗日战争篇

(1937年7月—1945年8月)

　　抗日战争全面爆发后,面对日本帝国主义的野蛮入侵,国共两党联手救国。走过二万五千里长征的中国工农红军被改编为八路军,南方八省的游击队被改编为新四军。番号虽然变了,但是红军的精神没有变,顾全大局、团结守纪的长征精神没有变。这种精神在此期间被八路军、新四军发挥得淋漓尽致,出现了夜袭阳明堡、处决黄克功、义释韩德勤等历史事件,还有对党无限忠诚、对同志无比温暖的领导人,他们是任弼时、王震……

八路军夜袭阳明堡

1937年9月13日,日本侵略军攻占了山西大同后,连续突破中国军队防线,南下直扑太原。

此时,太原的民众在欢送各地军队开赴抗日前线,保卫太原。队伍中有山西本地的晋绥军,有装备整齐的中央军,有草鞋单衣的四川军。八路军总指挥朱德也率部进入山西,协助国民党第二战区司令长官阎锡山共同防御来犯的日军。

国共两军同仇敌忾,一场相互配合的战役展开了。

忻口是太原以北最后一个屏障,位于山西省忻州市北境的忻口村一带,是五台山、云中山两山峡谷中的一个隘口。在这里,20万中央军、晋绥军和八路军组成了一条25公里长的防线,初次携手迎敌。

1937年10月10日,中央军第十四军八十三师奉命在忻口西北的大白水村坚守阵地,他们的顽强抵抗使企图南下的日军始终无法前进一步。日军只得加强空中轰炸。

10月13日拂晓,大白水村外的阵地上,坚守了3天的中国士兵端着枪,死死地盯着前方,严阵以待。

突然,天空中传来一阵嗡嗡的轰鸣声,慢慢地,越来越近,刺耳的声音划破黎明的宁静——9架日军飞机呼啸着飞临阵地上空,突然带着怪叫一个俯冲下来,阵地上的中国士兵见状急忙趴到地上隐蔽,只听得"哒哒哒"一阵机关枪扫射声,耳边子弹横飞,"啾啾啾"地打在战壕边,火花直冒。士兵们还没来得及抬头,又听得一阵炸弹穿透空气时尖利的摩擦声,瞬时,地动山摇,土石横飞,周围的草木燃起熊熊大火，浓烟滚滚，让战士们无法睁开眼睛。战壕里，有几个士兵被弹片击中，身负重伤；有的被炸飞了双腿，倒在血泊里；更有的已经找不到完整的肢体。

这样，日军依靠建在附近的阳明堡简易机场，占尽空中优势，飞机不断前来，少时3架，多时8架、10架，投弹，扫射，中国军队伤亡惨重。

对此，驻守阵地的中国守军只能眼睁睁看着，怒火中烧，却又无可奈何。

10月20日早上，战斗又将打响，阵地上，将士们做好了承受日军又一次空袭的准备。但是，出乎意料的是，敌机的轰鸣声却迟迟没有响起。战士们禁不住纷纷仰望天空，百思不得其解。

他们不知道，就在头天晚上，八路军第一二九师七六九团对日军阳明堡机场发动了突袭。

原来，10月10日，八路军一二九师七六九团在团长陈锡联的率领下，奉命插入忻口日军后方，牵制敌军。他们渡过黄河，16日到达代县以南的苏龙口村一带。

这里位于滹沱河东岸，顺河南下便是忻口，隔河5公里便是阳明堡。在这里可以清楚地听到隆隆的爆炸声、枪炮声。

顺着一条山沟，爬上一座山头，就可以清楚地看到不远处的阳明堡机场，空地上排列着一群灰白色的飞机，头顶上还不时有敌机掠过，机翼上的日本太阳旗格外刺眼。

看到这一切，在这里观察地形的陈锡联不禁气血上涌，怒不可遏："一定要端了小鬼子的飞机场！"他暗暗握紧了拳头，下了决心。

侦察得知，这个机场平时停有飞机24架，白天轮番轰炸太原、忻口，晚上都回到这里。机场里只有守卫部队200来人，日军的一个联队驻在阳明堡镇上。机场周围设有铁丝网，防御工事粗糙简陋，仅有一些简单的掩体。日军虽然对进入机场的各个路口警备森严，对过往行人严加盘查，但对机场周围却疏于戒备。看来，敌人正忙于夺取太原，根本想不到八路军会绕到背后来。

这是一块送到七六九团嘴边的"大肥肉",怎么吃?

这天傍晚,在七六九团的作战会议上,大家根据侦察到的敌情进行讨论,结果一致认为:如果隐蔽潜入,突然袭击,完全有把握取得胜利。

奇兵突袭!陈锡联一拍桌子,做出最后决定。

接着,大家详细研究并确定了作战方案。

10月19日深夜,周遭一片漆黑,伸手不见五指。作为突击队,七六九团三营的战士们轻装上阵,把刺刀、铁铲、斧头、大刀等容易发出响声的装备绑紧,将手榴弹成捆扎牢,放轻脚步,在一位老乡向导的带领下涉过滹沱河,来到机场外边。他们用铁剪绞开铁丝网,然后神不知鬼不觉地摸进机场。

按照预定方案,三营十连的战士猫着腰,隐在暗处,向机场西北角的日军守卫队驻地摸去;十一连则直奔机场中央的机群。

没想到飞机在天上看上去像一只大鸟,到跟前才发现居然这么巨大。第一次和飞机面对面的战士们十分兴奋:"好大的家伙!看我们怎么收拾你!"

就在战士们接近飞机时,西北角突然传来敌人哇哇乱叫声,紧接着响起一连串枪声。原来十连和敌人的哨兵遭遇了。

霎时间,十连和十一连同时发起攻击,战士们呐喊着扑了上去。

"快往飞机肚子里甩手榴弹!"

随着一声令下,战士们的机枪子弹、手榴弹一齐向敌机和敌军倾泻,枪声、爆炸声、喊杀声混成一片,几架飞机瞬间发生爆炸,铝皮乱飞,翅翼残断,有几架装满汽油的飞机燃

1940年,陈锡联做战前动员

起了熊熊大火,一架连着一架,机场顿时成了一片火海,冲天的火焰把黑夜照得一片通红。

这时,敌军守卫队扑了过来,八路军战士立即与之展开白刃战,到处都听到刺刀撞击声、喊杀声。机舱里值勤的敌军被惊醒了,惊慌之中他们胡乱开枪,结果后边飞机上的机枪子弹接连打进了前面的机身。一个敌兵跳下机舱,抱住一个八路军战士,被那战士转身一刺刀结果了性命。

在八路军击退敌人第七次反扑时,从机场北面传来了隆隆的马达声,敌人的增援部队到了。三营在营长的指挥下立即迅速撤退。这时,日军打出几十发照明弹,接着几挺机枪向八路军扫射过来,营长和通信员当场壮烈牺牲。

等到阳明堡的援军赶到机场时,八路军已经消失在夜幕中,只留下遍地的日军死尸、仍在噼啪燃烧的飞机、变成"烧鸡"的机壳以及冲天的火光。

这次夜袭,八路军炸毁敌机24架,歼灭日军100余人,而自身仅伤亡30余人。

八路军夜袭阳明堡的消息传到大白水村中央军阵地,第十四军八十三师的将士这才恍然大悟:"哎呀,怪不得一连四五天都没有敌机的空袭,敌人在近处没飞机场了,连日军的坦克也没了踪影。真是大快人心!"

得到报告,蒋介石一时难以置信。国民党的飞机还特意到阳明堡一带侦察,发现机场一片残骸。直到这时,他们才相信八路军创造了一个奇迹。

于是,蒋介石以军事委员会的名义,给参加阳明堡战斗的八路军将士颁发了嘉奖令,还发了2万元大洋奖励。

一直承受着日机困扰的国民党第二战区副司令长官卫立煌,致电周恩来:"阳明堡烧了敌人24架飞机,是抗日战争历史上从来没有过的事情,我代表忻口正面作战的将士对八路军表示感谢!"

延安"第一恋爱凶杀案"发生后

1937年10月6日早晨,延河沐浴在晨曦中,河水在秋风的吹拂下闪着金光,早起的人们三三两两来到河滩上,散步、洗衣、唱歌,美好而忙碌的一天开始了。就在这时,不远处传来一声惊恐的尖叫,人群闻声纷纷往那边跑去——有人发现在河岸边的灌木丛中,赫然倒卧着一具少女的尸体。

在革命圣地、中共中央所在地延安出现了人命案!这个消息震惊了整个陕甘宁边区。经调查,死者是陕北公学的女学生刘茜,她身中两枪,当场毙命。在现场还发现了两枚白朗宁手枪弹壳、一枚带血的弹头。

刘茜是一个漂亮活泼的姑娘,人缘也好,什么人会对她下毒手?

事件发生后,边区政府和高等法院责令边区保安处迅速破案。经深入群众广泛调查,保安处的工作人员很快收集到两条重要线索。一条是刘茜的室友反映,出事前那天晚上,延安抗日军政大学第六队队长黄克功去找过刘茜,约她到延河岸边散步谈心。结果刘茜一夜未归,室友找到黄克功询问时,他神色慌张,支吾应对。另一线索,就是黄克功的警卫员在帮黄克功擦枪的时候,发现他的手枪有刚发射未久的痕迹,给他洗衣服的时候,又发现衣服上有新鲜血迹。警卫员感到事关重大,立即向保安处做了汇报。这两条线索都把杀人嫌疑指向同一个人——黄克功。

保安处的工作人员立即采取行动,在案发20小时后,将黄克功拘捕。

经突击审讯,黄克功承认刘茜是自己所杀,说自己和刘茜是恋爱关系。

黄克功是什么人?他为什么要杀害自己的女朋友呢?

黄克功,江西南康人,26岁,1930年参加红军,并入了党,时任红军抗日军政大学第三期第六队队长,是一个立过战功的老革命。

而刘茜,是山西定襄人。她思想进步,积极参加抗日救国运动。到延安后,先入抗日军政大学第十五队学习。她为人热情,充满朝气,努力学习和工作,几次要求上前线,被校领导誉为"年龄最小,表现最好"的学员。

刘茜到抗大第十五队学习时,正好黄克功在第十五队任队长,刘茜经常找队长汇报思想。一个聪明漂亮,努力好学;一个风度翩翩,工作出色。于是,两人互生好感谈起恋爱来。

1937年9月,陕北公学宣告成立,抗大第十五队全体人员拨归陕北公学。于是,黄克功和刘茜也随队转入陕北公学。但不久,黄克功又被调回抗大任第六队队长,刘茜则留在陕北公学。

刘茜还是个只有16岁、对未来充满幻想的少女,对黄克功的感情也只是对英雄的一时崇拜。随着交往的深入,他们之间的差异越来越明显,矛盾也越来越多,两人的关系渐渐疏远。在陕北公学,性格活泼的刘茜又认识了不少新朋友,其中也不乏优秀男生。

黄克功见刘茜与其他男同学来往,便胡乱猜疑,认定刘茜变心了。他很生气,连写几封信去责骂刘茜,并要求刘茜马上和他结婚。黄克功的所作所为,让刘茜越来越感到厌烦,她断然拒绝结婚。黄克功逼婚不成,觉得"失恋是人生莫大的耻辱",不禁恼羞成怒。

那天晚上,在延河边约谈时,两人再次话不投机,发生争吵。刘茜抽身便走,黄克功气急败坏,失去理智,拔出了手枪……

案件终于真相大白,边区政府和高等法院将案情进行了通报。但是对如何处罚这样一个杀人凶手,出现了两种截然不同的意见:

一种意见认为：黄克功身为革命军人、老党员、老红军，逼婚不成就胡乱杀人，触犯了法律，破坏了党纪军纪，败坏了红军名誉，简直丧心病狂，是革命队伍中的败类，一定要处以死刑。

另一种意见则认为：黄克功杀人本该偿命，但他资格老，战功高，为革命流过血，负过伤。国难当头，人才难得，刘茜死了已经很可惜了，不能再杀一个。有人提出免除他死刑，让他到战场上戴罪杀敌。

这时，黄克功的一些领导战友也纷纷为他说情。

国民党的报纸则趁机把这件事作为"绯闻"大肆渲染，造谣生事，攻击和污蔑边区政府"无法无天""蹂躏人权"，使一部分不明真相的人对边区产生猜疑和不满。

为慎重起见，陕甘宁高等法院刑庭审判长雷经天给毛泽东写了一封信，汇报了自己的意见：严格依法办事。

最终，黄克功案件交给了人民公审。

11日，在指定地点，来自各学校、部队和机关的万余人静静地坐着。宣布开庭后，起诉人与证人先向大会陈述了案件的全部细节。随后，各单位代表发表了对这一事件的分析、要求，以及结论性的群众意见。

这时，黄克功被带了上来。

法庭上，黄克功开始幻想着党和政府看在他劳苦功高的份上，会对他从轻处罚。当法官让他发表个人申诉时，他坦白交代了犯罪经过，并做了扼要的检讨。对于死者，他还理直气壮地指责："她破坏婚约是污辱革命军人。"在审判长问他个人经历时，他侃侃而谈，历数自己经历过的许多战斗，还敞开衬衣，让人们看到他身上的伤疤。最后，他请求审判长让他讲述最后一个愿望："……死刑如果是必须执行的话，我希望我能死在与敌人作战的战场上，如果允许，给我一挺机关枪，由执法队督阵，我要死在同敌人的拼杀中。如果不合刑律，那就算了。"这时全场鸦雀无声。

休庭片刻后重新开庭，审判长庄严地宣布判处黄克功死刑并立即执行。随后,行刑队押着黄克功,向刑场走去。在黄克功走到会场边时,只见一匹快马飞奔而来,一名工作人员翻身下马,径直向主席台走去,递给雷经天一封信:"信,毛主席的信。"主席台上传出的声音很小,但有人听到了,很快,"毛主席来信了"像风一般传遍会场,大家开始窃窃私语。黄克功也听到了,此时的他比任何人都关心这封信的内容。原来,在审判前,黄克功专门给毛泽东写了一封信,希望得到宽恕。

这时,雷经天招手让黄克功回到原来的位置上,因为毛泽东在信中要求当着黄克功本人的面,在会上宣读信的内容。

雷经天同志:

你及黄克功的信均收阅。黄克功过去的斗争历史是光荣的,今天处以极刑,我及党中央的同志都是为之惋惜的。但他犯了不容赦免的大罪,一个共产党员、红军干部而有如此卑鄙的,残忍的,失掉党的立场的,失掉革命立场的,失掉人的立场的行为,如赦免他,便无以教育党,无以教育红军,无以教育革命,根据党与红军的纪律,处他以极刑。正因为黄克功不同于一个普通人,正因为他是一个多年的共产党员,正因为他是一个多年的红军,所以不能不这样办。共产党与红军,对于自己的党员与红军成员不能不执行比一般平民更加严格的纪律。当此国家危急革命紧张之时,黄克功卑鄙无耻残忍自私至如此程度,他之处死,是他自己的行为决定的。一切共产党员,一切红军指战员,一切革命分子,都要以黄克功为前车之鉴。请你在公审会上,当着黄克功及到会群众,除宣布法庭判决外,并宣布我这封信。对刘茜同志之家属,应给以安慰与体恤。

毛泽东

1937 年 10 月 10 日

毛泽东写给雷经天的信

黄克功这时才如梦初醒,不禁流下了悔恨的泪水。在他被押出会场时,连声高呼"中国共产党万岁"等口号。

会场上一片肃静,人们都陷入沉思之中。

任弼时的绰号

任弼时是老一辈无产阶级革命家,中国共产党第一代领导集体的成员。他有3个绰号:"骆驼""被子"和"党内老妈妈"。人们给他起这样的外号,是因为他对党的事业如"骆驼"般的无限忠诚;对同志、百姓如"被子"一样的温暖;喊他"党内老妈妈",则是因为他处理问题周到,待人平易近人、和蔼可亲,大家遇到问题都愿意来找他解决。

1938年3月,当时担任八路军政治部主任的任弼时,代表中共中央赴莫斯科,向共产国际汇报中国抗战形势与中国共产党的工作和任务。在此期间,由于他的细心和认真,使陈郁的冤案得到解决。

陈郁,是工人出身的中共中央政治局委员,1931年6月来到共产国际管辖的苏联国际列宁学院学习,他工作认真、忠诚正直,在列宁学院也很有声望,还担任过学生部的党支部书记。

1931年10月,主持中共中央工作的王明,调任中共驻共产国际代表团团长。他借着共产国际东方部副部长、莫斯科中山大学校长米夫的势力,大搞宗派活动,恶毒攻击、打压持不同意见者。

1938年,毛泽东与周恩来、任弼时(左一)在延安

当时在列宁学

院中国部任教的周达文、俞秀松等人,对王明的所作所为很看不惯,一直反对他掌权。王明对他们心生怨恨。他来到列宁学院,开展所谓反对托派的斗争,污蔑周达文等人"反对中央,反对四中全会",煽动中国学生把他们赶出去。

当王明组织批判周达文时,陈郁曾公开为周达文辩护,引起王明的不满。

之后,王明四处游说,指控陈郁是"右派首领"、"勾结周达文反对中央代表团",组织大会小会批判陈郁,撤销了他的职务。结果,陈郁背了个党内严重警告的处分,化名为"彼得",被放逐到伏尔加格勒拖拉机厂劳动。而王明等人连组织关系介绍信都不给他开具,等于把他的党籍给取消了。

陈郁到工厂后,先后给中共驻共产国际代表团写了12份申诉报告,要求转组织关系,分配适当工作,结果都石沉大海。被排斥在党组织之外,陈郁感到十分苦闷。

1938年王明回国,对此事也没有作任何交代。1939年初,任弼时的秘书师哲在清理王明、康生留下的一团乱麻似的档案材料时,从中发现了王明给予陈郁"最严重警告处分"的决定和被王明扣压的陈郁的申诉信,这才知道拖拉机厂的工人"彼得"原来就是陈郁。

惊讶不已的师哲马上将此事报告了任弼时。任弼时十分重视,立即仔细审阅了对陈郁的处分决定,认为陈郁一案没有任何一级党的机构调查清楚,而且对他的指控也没有作过任何党的决议,理由也根本站不住脚。于是,他随即向共产国际干部处做了汇报。干部处处长马尔特维罗夫也感到异常惊讶,立即将此事报告了共产国际东方部部长。部长听罢情况,十分生气地说:"这是多么令人难以理解的事!他们处理了一位中央政治局委员,自己回国去了,却撇下同志不管,似乎对他的存在都忘记了,对他恳切地请求回国参战都不理睬,简直不能容忍!"东方部部长和任弼时商议决定,立即召陈郁来莫斯科问明情况。

陈郁接到通知后,高兴极了,连夜乘车赶到莫斯科。

面对和蔼可亲的任弼时,陈郁将自己的曲折遭遇、内心痛苦一股脑倾吐出来。任弼时十分理解他的心情,一直耐心地倾听着,然后安慰说:"你的问题很快就能解决。现在国内形势与你出国时大不同了。我们党成熟了许多,根据地比过去大多了,军队也强大多了。"陈郁很是激动,立即表示想回国参加抗战。对此,任弼时宽慰他说:"由于报批复查工作需要一定的时间,你先暂时回拖拉机厂去,我一定负责督促共产国际尽快帮你解决。"

1939年11月,周恩来来到莫斯科,任弼时便将陈郁冤案向周恩来做了详细汇报,周恩来立即与共产国际监委一起亲自处理此案。

在研究陈郁的全部材料后,共产国际监委取消了1933年给他做出的"最后严重警告"处分,恢复其组织关系,并请中共代表团送他回国工作。

1940年2月25日,陈郁随周恩来、任弼时等,一起回到阔别了9年的祖国。

后来,陈郁每每谈起此事,都禁不住潸然泪下:"如若不是弼时,我恐怕早就死在异国的土地上了。怪不得很多同志都称弼时同志'党内妈妈',我认为,对这个光荣的称号,他是当之无愧的。"

1940年,任弼时回到延安,参加书记处工作,分管中央机关、组织、外事、农委、妇委、青委等。第二年9月,担任中共中央秘书长,从人事安排到谁吃大灶、中灶、小灶,事无巨细,他都得管,每天几乎要工作15个小时以上,十分辛苦。然而,不管怎么忙,他都时刻关心着枣园周围农民群众的疾苦,经常抽出时间深入农民家庭,问寒问暖,帮助解决困难。

穷山沟里缺医少药,生病了要到十几里外去找医生。一天晚上,枣园村农民赵占山的妻子突然患了急病,赵占山急得团团转,不知如何是好。邻居们知道了,纷纷前来帮着去喊人,帮着举火把、下门板、拿棉被、端开水，大伙儿七手八脚地用门板抬着赵占山的妻子准备出门。这时，突然有人走了进来，大家一看，是一位背着药箱的八路军军医出现在大门口。经诊治，妻子的病总算稳定下来。这事让赵占山感激涕零。原来，任弼时曾经交代村长，凡农民家遇有急事，必须迅速向他报告。这次接到村长的报告，任弼时亲自将正在熟睡的医生叫醒，派往赵家。人们都说，老任就像冬天的一床被子，总是给人带来温暖。

在工作中，任弼时虚心听取干部、群众的意见，而且在听取意见的过程中，善于提出问题，启发对方打开思路，并帮助和他谈过话的干部群众提高思想认识，加强修养。

史学家叶蠖生在抗战时期先后在延安新华社、马列学院、中央党校工作过，也曾在任弼时身边工作。有一次，他和任弼时谈起边区机关和部队中存在的缺点。叶蠖生滔滔不绝，而任弼时则一言不发，认真倾听。等到叶蠖生全部说完了之后，任弼时才开始一条条分析起来，指出哪些缺点已经克服了，哪些缺点目前无法立即克服，只能等待时机成熟，才能完全纠正。

听了任弼时的分析，叶蠖生不由得瞪大了双眼，感到十分惊奇——任弼时了解的比他知道的还要多得多。本来，他还以为是因为自己提出的材料很深刻、很新鲜，才引起任弼时注意的呢。

这时候，叶蠖生才恍然大悟：任弼时如此倾听，是对下面同志提意见的一种鼓励。他本可说一声"我早知道了"来打断那些不必需的额外谈话，但他从不这样做。任弼时曾经说："听取下级汇报、反映情况，是领导干部的基本职责之一。人家兴致勃勃地反映情况，我怎能给人浇冷水呢？"对此，他的秘书师哲很有感触："正因为他善于同干部、群众商量问题、征询意见，采纳别人的建议，所以他的指示和意见较易得到贯彻执行。"

陈毅义释韩德勤

抗日战争进入相持阶段后,国民党对中共的发展壮大惶恐不安。从1939年开始,掀起了3次反共高潮,不断制造军事冲突,国共摩擦不断加剧。

1943年3月中旬,国民党军王仲廉部奉蒋介石密令,自安徽蒙城地区东进,向新四军淮北根据地发动进攻。而鲁苏战区副总司令兼江苏省主席韩德勤为扩大地盘,并接应王仲廉部东进,亲率第八十九军三十三师、独立第六旅、保安第三纵队等部,侵入淮北抗日根据地中心区山子头一带,妄想对新四军四师两面夹击。

面对敌人来袭,新四军军长陈毅和新四军第四师师长彭雪枫决定在韩德勤和王仲廉两部会合之前,趁其立足未稳,集中兵力来个迎头痛击。战斗于3月17日夜发起,至18日清晨结束,全歼了入侵国民党军,俘获韩德勤以下官兵1000余人。

18日,陈毅接到彭雪枫的战况电报:山子头战役以全胜告结束,国民党中将、江苏省主席韩德勤被活捉,请示如何处理。

陈毅看完电报,高兴地直拍桌子,大声说:"好,打得好!我看还是老办法,放他走!诸葛亮七擒孟获,又七放孟获。我们才三擒韩主席,我们的肚量不能连古人都不如啊!给延安发电报,把我们意见报告毛主席。"

很快,延安回电同意释放韩德勤。

过了几天,彭雪枫又来电报,说韩德勤死活不走,非要见陈军长一面。

原来,在3月17日夜,山子头激战正酣,韩德勤在他的指挥部里,一会儿在地图边研究部署向新四军进攻,一会儿声嘶力竭地不停地打电话,指挥部下左冲右突。突然门口响起一阵枪声,他还没来得及反应,新四军战士的枪口已经对准了他的胸口。

这时的韩德勤虽然吓得面如土色但仍故作镇静:"我是堂堂的江苏省主席!你们破坏团结,岂有此理!"还说:"我死就死在这里,你们师长不来,我就不走!"

后来,在战士们的押解下,韩德勤不得不来到新四军第四师指挥部,但他仍然盛气凌人:"反正是个死,你们看着办吧!"

彭雪枫见状,严肃地对他说:"你身为江苏省主席、战区副总司令,不抗战只观战,我们新四军拼死打鬼子,你却专打新四军,罪责难逃!"

面对彭雪枫的义正词严,韩德勤还强词夺理:"你们不讲义气,乘人之危,凭什么把我的部队缴械了?"

彭雪枫平静地拿出韩德勤调兵遣将、制造事端的往来电报递到他手里,说:"你看看吧!"

韩德勤疑惑着接过那些电报,看了一眼后顿时僵住了,瞠目结舌:"这……这这……"他结结巴巴,面如死灰地问道:"那你们打算怎样处理我?"

彭雪枫说:"我们并不想为难你,只要你诚心抗日,保证以后不再和我们起摩擦,我们请示过了,放你回去!"

听了彭雪枫的话,韩德勤像泄了气的皮球,瘫坐在那里,口里喃喃地说:"我不走,我要见你们军长。"看来,他就是想找个台阶下。

陈毅接到电报,决定亲自去一趟,见见这个从未谋面却一直交手不停的"摩擦专家"。

3月25日,陈毅来到四师师部。

一见到陈毅,韩德勤很尴尬,有点无地自容。他这是第三次被擒了。1931年他被红军俘虏过,抓他的部队正好就是陈毅指挥的部队,陈毅留了他一条性命。可没有几天,他又神气活现参加了第三次"围剿"红军的战斗,结果又被红军俘虏。后来半路遇部下相救,化装成伤员逃了出来。他似乎没有摆脱屡战屡败的命运,这次山子头一战,他又成为陈毅的手下败将。

其实,韩德勤非要见陈毅,是想和新四军讨价还价,如果他空着手离开新四军,蒋介石定会将他撤职。陈毅心里同样清楚,把韩德勤搞倒了,蒋介石还要委派新的省主席,无论谁来当省主席,都会和新四军"摩擦"。

陈毅与韩德勤这对战场交锋多年的老对手,终于在这个特殊场合下见了面。彼此客套寒暄一番后,陈毅随即转入正题。他阐明了中共团结抗战的基本主张,说:"共产党新四军一贯以忍让为怀,以团结抗战为重,为了团结抗日,我们是不计旧恶的。现在我们放你回去,希望你能与新四军保持友善态度,要是还继续反共,'搞摩擦'的话,我们还是有见面的机会的。"

韩德勤听了陈毅的这番话,有点狼狈地点点头:"共产党宽大为怀,韩某也不会忘恩负义,只要对抗日有力,兄弟愿全力以赴。"

说着,他的神色好像又有点犹豫,欲言又止。

陈毅见状,问:"你还有什么要说的?"

韩德勤吞吞吐吐地说:"韩某有一事相求,就是你们是否可以给我一块活动的地方?"

陈毅和彭雪枫商量后,决定在淮北划一个乡给韩德勤驻扎。韩德勤苦笑着说:"一个乡是不是小了点?"

陈毅哈哈大笑,幽默地说:"我们可不像你那么小气哟!开口就给你一个乡。想当初,我陈毅到苏北抗日,没有立足之地,你韩主席可是连一个村子都不给!"韩德勤无言以对,满脸窘相:"这个嘛……"他不断地搓着双手,哭丧着脸。

陈毅接着又说:"这样吧,把睢宁、宿迁间的凌城、埠子集、邱集一带给你,怎么样?我陈毅够大方了吧?"韩德勤闻言喜出望外。

根据陈毅指示,新四军发还了韩德勤400多人、300多支枪以及一部电台。连原来缴获韩德勤的收音机、貂皮大衣、钢笔都还给了他。陈毅还特别给了韩德勤8万元作为活动经费。

韩德勤感动得几乎要给陈毅下跪："军长的大恩大德,韩某铭记在心,终生不忘。"并连称以后决不再与新四军搞摩擦。

4月1日,新四军召开了欢送韩德勤大会,陈毅还设宴给他送行。之后,在四师骑兵大队的护送下,韩德勤一行坐上新四军为他准备的牛车,带着新四军交还的部分人枪,前往指定区域驻防。

陈毅(前左)给韩德勤送行

走着一条痛苦的血染的路

1946年8月的一天,延安王家坪礼堂。

一场盛大宴会正在举行。主办者是毛泽东主席、朱德总司令,承办者是中共中央,宴请的对象是王震等八路军三五九旅的将士们。

宴会上,毛泽东、朱德都不断向王震等人举杯敬酒。

"你们共走了二万七千里路,同志们辛苦了!"领袖们十分动情。

"没有,仅仅是二万二千里。"王震谦虚地回答。

参加宴会的著名爱国将领续范亭还激动地即席赋诗一首:

王震将军不会飞,八千子弟两条腿,
天罗地网都突破,万里长征百战归。

此时,距离红军二万五千里长征胜利结束已经10年了,王震说的"二万二千里"又是怎么回事呢?

这事儿还得从两年前说起。

1944年7月的一天,毛泽东找到正在延安附近进行大生产运动的八路军三五九旅旅长王震,向他交代了一项特殊任务:"目前,日本人在太平洋战场逐渐失利。为加快抗战胜利进程,党中央准备派900名干部到南方去发展华南抗日根据地。因路途遥远,沿途情况复杂,中央的部署是由你们三五九旅一部组成南下支队,护送从广东、广西等地来延安学习的干部南下。"

王震感到这次护送任务责任重大,于是主动请缨:"如果您同意的话,我愿亲自带部队护送!"

毛泽东用忧虑的目光盯着王震,严肃地说:"如果国际反法西斯战争迅速胜利,蒋介石决不允许你们这把刀子插在他的咽喉,他会首先集中力量吃掉你们。你们孤军深入,没有根据地,斗争将十分残酷,甚至可能全军覆没,都不得生还,包括你本人在内!"

王震激动地表示:"有毛主席和党中央的领导,不管发生什么情况,我们都坚决地完成任务!"

10月31日,一支由八路军三五九旅的3个团和南下干部组成的"国民革命军第十八集团军独立第一游击支队"(即"南下支队")成立了,王震任支队司令员,王首道任支队政治委员。

11月10日,南下支队告别延安,开始南征。临行前,全体指战员个个精神抖擞,接受了毛泽东、朱德的检阅,随后踏上了孤军万里的南下之路。

一路上,部队日夜兼程,翻山越岭,冲过日伪军一道道封锁线,渡过汾河、黄河,穿过山西、河南两省,于1945年1月下旬,到达湖北大悟山抗日根据地,与那里的新四军第五师胜利会师。

在大悟山地区,南下支队休整了半个月之后,便告别了新四军战友,继续向南挺进。

而此时,国民党顽固派得知八路军南下后,便和日伪暗中勾结,沿途封锁堵截。

3月中旬,王震率部突破敌人的封锁,进入湖南平江、浏阳一带。这一带是王震的老家,国民党顽固派担心南下支队在这里站稳脚跟,给自己造成威胁,便调动了6万多军队向平江城逼近。为了表

毛泽东、朱德在王震陪同下检阅南下支队

明团结抗日的立场,王震他们主动撤离了平江,转战于湖南、湖北、江西交界地区。

7月初,王震率主力到达位于湖南省东南部的八面山。

这时,时局突然发生了变化——8月,日本侵略军宣布无条件投降。毛泽东预料的严峻情况出现了——蒋介石对八路军挺进华南早就惶恐不安,将其视为心腹之患。日本宣布投降,他当然不肯放弃这个难得的机会,立即调动8个团的兵力,将八面山重重包围,企图绞杀这支孤军。

八面山主峰海拔2042米,为湖南省第二高山。古民谣说:"八面山,离天三尺三,人过要低头,马过要去鞍"。这里沟壑纵横,山路险峻难行。

在敌人重重包围下,山下的5条通道全被封死。为避免被敌人发现,南下支队只能避开山路,在灌木丛中隐蔽前进。先头部队在前面用马刀披荆斩棘开路,主力随后踩着杂草荆棘穿行,每走一步都很艰难。天又下起了雨,部队就这样冒雨在山里走了一天,大家都累得精疲力竭。

这时,天色已晚,在平缓山坡上一间看林人临时搭建的茅草棚前,王震吩咐停下来宿营。

经过大半年的征战,此时的王震已是满头长发,两颊凹陷,胡须杂乱,衣衫褴褛,还光着脚板,像个乞丐。他已经两天没有睡觉,双眼都熬得通红。

他走进茅草棚,在看林人留下的木桩上打开地图,查看着明天的行军路线。过了一会儿,他又走出来,把可以避雨的草棚让给体弱受伤的战士休息,自己找了一棵大树,一边靠着休息,一边仔细考虑下一步怎么办。

这时,副参谋长苏鳌带着后续的队伍上来了,王震笑着指着前面说:"你们的'房子'就是对面的大树底下呐。"苏鳌立即把队伍带过去,战士们纷纷靠着树干坐下休息。

这样,整个部队在风雨交加的山坡上露营,每个人都浑身湿透,夜晚山风吹来冷得直打哆嗦。

　　第二天到了开饭时间,可是,由于敌人封锁严密,部队已经面临断粮。苏鳌只好忍痛把自己的马杀掉,分给每人一小块马肉。

　　战士们找了些没有淋到雨的杉树皮,燃起一堆堆篝火,有的烤马肉,有的烤衣服。这时,王震走了过来,询问战士们:"这两天,你们都没搞到饭吃吧?"

　　大家点了点头,都没吭声。

　　突然,有个小战士轻轻叹了口气,说:"唉!人要是能够不吃饭、不睡觉就好了!"

　　大家一听,全都笑了。

　　王震一边笑着一边对坐在旁边的随军作家周立波说:"周立波,你以后要写小说,就把我们这些人写成不食人间烟火,这样才有意思。"

　　大家听了这话,又禁不住哈哈大笑起来:"那我们不都成神仙了!"

　　将士们的乐观情绪使王震精神为之振奋——我们不能束手待毙!他马上召集司令部人员开会,研究突围对策。

　　随后,他立即命令所有部队,擦拭武器,烧掉机密文件,减少行李担子和牲口。然后,他大步走到队伍前面:"同志们,国民党反动派想把我们困死、饿死,消灭在这八面山里,你们说该怎么办?"

　　"坚决打出去!"战士们的怒吼伴随着隆隆雷声。

　　"对,我们要打出去!任何敌人都占不了我们的便宜!"闪电照亮了王震坚毅的面孔,他举起拳头,坚定地说:"多年来,我们牺牲了无数亲爱的同志,我们在走着一条痛苦的血染的路,就是要使全中国的老百姓翻身!哪怕环境再艰险,斗争再残酷,我们也要勇敢地杀出一条血路!我们南下支队是钢铁队伍,不是豆腐捏的队伍!"

　　这时,暴雨又倾盆而下。王震说完,率先冒雨往山下奔去。战士们也毫不犹豫,紧跟着向山下奔去。

不久，侦察员在山里找到一位当过赤卫队员、后来靠打猎为生的老人，在老人的带领下，部队在望不见尽头的悬崖峭壁间绕行，走着根本没有路的"路"，走了一个通宵，终于冲出了八面山。

8月下旬，由于南下与广东东江纵队会师的道路被国民党追兵切断，根据中央的指示，南下支队立即掉头北返，一路甩掉国民党军的围追堵截，回到了中原解放区。经过中原突围，浴血奋战，三五九旅指战员终于在离别延安两年后再次回到了这里，出发时的5000余人只剩下1414人。

这次远征，王震指挥部队孤军深入，南征北返，不仅摆脱了国民党军队的围追堵截，还相继歼灭了大量日伪军，开辟了一系列游击根据地，胜利完成了我军历史上的"第二次长征"。

解放战争篇

(1945年8月—1949年9月)

抗战胜利后,蒋介石悍然撕毁和平协议,对解放区发动大规模进攻,挑起了内战。在中国共产党领导下,人民军队牢记党的宗旨,发扬红军时期的优良传统,团结一切可以团结的力量,得到了民心,走到哪里,人民群众的无私支援就延伸到哪里;在战斗中,人民子弟兵不畏强敌,不怕牺牲,用鲜血和生命铺就了通往胜利的道路。本篇展现的是革命先辈勇敢机智、爱护百姓、疾恶如仇的小故事,让我们记住他们的名字:邓小平、皮定均、潘汉年……

"皮旅"为什么会姓"皮"?

在中国人民解放军的队伍里,曾经有一支被冠以姓氏的部队,这个姓比较少见——"皮",它的名字远近闻名,叫做"皮旅"。可是部队又不是人,怎么会有姓氏呢?这件事还要从70年前说起。

1946年6月24日下午,中原军区第一纵队第一旅旅长皮定均和政委徐子荣接到一份特急命令,要他们火速赶到纵队指挥部参加紧急会议。

两人立即快马加鞭赶到纵队指挥部,纵队首长们已经等候多时了。

原来,抗日战争胜利后,中原解放区成了蒋介石向华东、华北乃至东北发兵的重要障碍,同时也是中国共产党全国解放区的前沿。因此,这里便成了国共双方都十分看中的战略要地。

6月下旬,蒋介石以10个整编师30余万人的兵力,将中原军区部队6万余人团团包围,企图在48小时内全歼我中原部队。

一时间中原大地硝烟再起。敌强我弱,形势十分严峻,军情万分危急!中央命令中原部队"立即突围,

皮定均1944年7月任太行七分区司令员时于河南林县上庄留影

越快越好"。

根据中央指示,中原军区决定立即向西突围。那么,由谁来断后?他们把掩护主力突围的重任交给了皮定均率领的第一旅。第一旅必须在三天内拖住敌人,等主力部队成功突围后,再根据自己的情况,或是向西追上主力,或是就地打游击,或是向东突围。

皮定均,安徽金寨人,身经百战,战功卓著,是人民军队中的一员虎将。在他的指挥下,第一旅英勇善战,以善打硬仗著称。这项任务十分艰巨,皮定均和徐子荣都感到肩上的担子很重。大家心里都明白,让区区一个旅几千人的兵力面对几十万之众的敌人,凶多吉少。虽然第一旅有可能全军覆没,但是为了主力的安全,皮定均和徐子荣都暗暗下定了决心,甘当为保住"车"而被丢弃的那个"卒",他俩互看了一眼后,异口同声地回答:"坚决完成任务!"

当晚,中原军区部队主力开始突围。为迷惑敌人,皮定均将全旅7000官兵沿着根据地中心区白雀园向东一字摆开,布置第一、二团向东、东南、东北方向移动,想尽一切办法把自己变成敌人眼中的主力,摆出与敌决战姿态,以吸引敌人的兵力。这精心制造的假象,着实麻痹了敌人,为主力突围赢得了时间。

直到26日拂晓,敌人发现中原军区主力西移,这才如梦方醒,大呼上当了。于是,数万之众立即兵分三路向第一旅发起猛攻。在皮定均沉着冷静的指挥下,第一旅充分利用工事和有利地形,与敌周旋,死死黏住敌军,使他们进展缓慢。眼看规定时间要到了,如何摆脱敌军成功实现转移,摆在皮定均眼前。

黄昏前,皮定均首先命令部队发起全线反击,将当面敌军击退,然后在阵地上只留下1个营。26日晚,传来部队主力成功突围的消息,这时天空突降暴雨,皮定均心中大喜:"真是天助我也!"在暴雨的掩护下,皮定均突然收兵,数千大军瞬间从阵地上消失得无影无踪。

在大雨中,第一旅先是装作要追主力的样子,向西急行军10公里,之后又突然调转方向,向东返回,在天亮前隐蔽到公路边的刘家冲。

刘家冲只有6户人家,周围树林茂密,但是由于紧挨着公路,在林子里打个喷嚏公路上都能听见。但是最危险的地方往往又是最安全的。皮定均大胆心细有智慧,他偏偏就将这里选为隐身处。

7000人的部队要想躲在如此靠近公路的小地方又不被发现,真是要下一番功夫。皮定均下令将所有骡马的嘴巴扎紧拴牢,不准升火不准吸烟,甚至连咳嗽都必须用手捂住,并在四周加强警戒。而敌人根本没料到皮定均会走这步险棋,他们一路追过来,发现自己居然把追踪对象给弄丢了,一时摸不着头脑。他们判断共军小部队一定是向西追随主力去了,于是向西搜寻而去。

就这样,第一旅隐蔽了整整一天一夜。28日凌晨,第一旅几千人马杀出刘家冲,穿越小界岭,抢越大牛山,攻占松子关,从容跳出了敌军的包围圈,向大别山腹地疾进。

7月4日,第一旅来到吴家店,皮定均派出便衣侦察小分队,化装成国民党军,顺利智取了这个集镇。

这时,经过一个星期的冒雨连续行军作战,全旅指战员脚上打满血泡,草鞋磨穿,十分疲劳。更重要的是粮食不足,还有几个随军突围的旅团干部家属即将生孩子,部队急需休整。皮定均判断敌军距离尚远,便果断决定在吴家店休整3天。

吴家店镇位于安徽与湖北交界处,是革命老区,离皮定均老家不远。当皮定均率部来到这里,当地的百姓一眼就认出来:当年的红军又回来了!他们纷纷主动为子弟兵打探敌情,碾米运粮;家家还做好了大别山的糍粑、煎鱼送到驻地,还帮部队端茶送水,赶制军鞋,缝补衣裳。在这里,部队休整了3天,备足了干粮,恢复了体能,队伍中还先后添了3个小宝宝,其中刚当上妈妈的薛留柱给自己的小女婴取名"范中原"。大家高兴地说:"我们一边行军打仗还一边添人进口,真有意思啊!"

7月8日,部队离开吴家店,继续向东南挺进,一路夺取了青风岭,强渡浉河,然后突然来了个180度的大转弯,向北袭占了毛坦厂,冲破了大别山的敌军封锁线。紧接着又连续5昼夜急行军,一路狂飙,跨越皖中平原,到达国民党重兵据守的最后一道封锁线津浦路附近,在这里一举击溃了前来拦截的5路敌军,与前来接应的淮南军区嘉山支队会合,胜利到达苏皖解放区!

  这支部队辗转24个昼夜,行程1500余里,历经大小战斗23次,以"还是一个旅"的建制成功突围。皮定均和他的"皮旅"创造了人民解放军战史上的一个奇迹。1946年8月4日,延安《解放日报》发表头条新闻——《突破蒋军包围追击 中原东进我军一部胜利抵达苏皖边区》。文章刊载了这个胜利突围的消息,并以"谨向皮定均将军所部致敬"为题发表社论。从此,"皮旅"名震华夏!毛泽东记住了皮定均和他的"皮旅"。

  1955年人民解放军授衔时,皮定均曾被初评为少将,毛泽东记起当年中原突围之事,特别批示:"皮有功,少晋中。"皮定均最终被授予中将军衔。由此留下了一段佳话。

邓小平枪毙违纪部下

"规定了'约法三章',就不能说话不算数,失信于民。如果不下决心严整军纪,部队的纪律就会继续坏下去,群众就更不相信我们,而我们在大别山也就站不住脚!"这是1947年9月2日邓小平在大别山地区的河南省信阳市新县小姜湾村专门主持召开整顿纪律干部大会上说的一段话。

到了大别山地区后的这几天,邓小平被他耳闻目睹的许多违反军队纪律的事给激怒了。

刘伯承、邓小平率部千里挺进大别山,是一次大胆的军事冒险行动。在出发前,邓小平提出了这次行动可能出现的三种结果:一、部队到不了大别山;二、部队到大别山后站不住脚;三、部队扎根大别山。指出要坚决避免第一、二种结果,努力实现第三种结果。

但是,到达大别山区后,由于部队连续行军打仗,非常疲劳。战士们水土不服,生活不习惯,加上当地老百姓对解放军不了解,都上山躲了起来。一些干部战士情绪低落,对建立根据地的信心不足,发牢骚,讲怪话,还经常发生一些战士打老乡、抓向导、私拿群众的东西、强住人家房屋、吃

晋冀鲁豫野战军胜利到达大别山后,邓小平在干部大会上讲话

群众的东西不付钱等现象。这对一支人民军队来说,比打了败仗还要危险。

在了解到一些情况后,邓小平痛心疾首——军纪如此松懈,不用敌人前来"围剿",自己就会被自己打垮。于是,他专门主持召开整顿纪律干部大会,在会上宣布了三条纪律:"枪打老百姓者,枪毙;抢掠民财者,枪毙;强奸妇女者,枪毙!"并电令将这"约法三章"立即传达到各个纵队。

"约法三章"一经公布,部队上下议论得沸沸扬扬:饿极了吃一口百姓的粮食就要枪毙?这是不是处罚过于严厉了?一旦有人违纪,纪律能不能执行下去?

一个多月后,一个违纪事件就发生在邓小平的眼皮底下。

10月13日,野战军司令部到达湖北黄冈县总路嘴镇。一大早,邓小平来到镇街头,他是特意来听取政治部关于部队执行群众纪律情况的汇报,顺便到街上看看的。

总路嘴镇是个比较大的镇子,主街是一条石板路,街上此时空空荡荡的,没有行人;路两边的店铺全都关了门,显得冷冷清清,十分萧条。看来,军队一来,镇上的老百姓已经跑光了。

邓小平一行人站在路边,查看着镇上的情况。忽然,从前面一家店铺里走出一个部队干部模样的人,只见他用步枪挑着一卷棉布和一捆粉条,一摇一摆,扬长而去,给邓小平等人留下个背影。

一看到这个情形,邓小平立刻明白是怎么一回事,他脸色一沉,两眼直冒火。他强压着心中的怒火,对身旁的野战军司令部保卫科科长说:"你去调查一下,是怎么回事?他是什么人,哪个单位的?居然这么大胆子!"说完,愤然离去。

当天中午,邓小平在住处和刘伯承等几位野战军首长正在讨论这件事,突然发现保卫科长在门口探头探脑,便把他叫进来,问道:"你调查清楚没有?到底是怎么回事?"

"调查清楚了。那个拿群众东西的是司令部警卫团四连副连长,名叫赵桂良,他见店主人不在家,拿了一卷布和一捆粉条……"

"拿？明明是抢！"邓小平怒不可遏，"我们三令五申群众纪律，还发布了'约法三章'，竟然还有这样的事发生在我们跟前！"

"部队刚到大别山，纪律就这么坏，如不迅速纠正，我们在大别山是站不住脚的！"刘伯承忧心忡忡。

"这个赵桂良我知道，打仗也勇敢，不仅是一名战斗英雄，还是一个劳动模范，怎么就糊涂到忘了人民军队的群众纪律！部队的纪律如何，首先看司令部直属队，我们连身边的人都管不了，就离坟墓不远了！"参谋长李达严肃地说。

"事件不大，军纪难容。如果我们再不及时严肃军纪，目前的形势和现状就无法改变，就会变得更糟！"邓小平一挥手，尖锐地指出问题实质。

经几位首长集体讨论，最后决定，召开公判大会，枪毙赵桂良，并且通知部队和群众参加公判大会。

当被关在禁闭室里的赵桂良得知了这个决定后，顿时抱头痛哭："我……我犯了纪律，杀我应当。可我死得太窝囊了，将来回到太行山，见到了我们家里人，你们就说我是打仗死的……"

下午，公审大会在总路嘴镇的平场上开始了，直属部队坐在一边，周围黑压压地挤满了从山上下来前来观看的老百姓，他们都交头接耳议论纷纷："部队这是动真格的了，纪律居然会这么严明！听说还是个打仗好手，可惜呀！"

在宣布决定时，会场寂静无声。这时，闻讯赶来的镇上那个店铺的主人，对主持大会的同志恳切地说："早知大军纪律这么严，说什么我也不跑上山了。如果家里有人，就不会发生这样的事了，请刀下留情。"接着，又有许多人请求司令部饶恕赵桂良，给他一个立功赎罪的机会。一些当地的群众也开始为他求情。

副政委张际春见状，心里也十分不忍，请示邓小平能否宽大处理。

邓小平听了心里也很不平静，但是考虑到事情的严重性，他咬了咬牙，严肃地说："群众的话，我们可以理解。但既规定了'约法三章',就不能说话不算数,失信于民。如果对这件事姑息、迁就,不能执行纪律。那么今后,更多的人犯纪律怎么办?不下决心严整军纪,部队的纪律就会继续坏下去,群众就更不相信我们,而我们在大别山也就站不住脚!"

执行的枪声最终响在大别山上空,震撼了所有人的心。

从此,部队纪律严明,秋毫无犯,刘邓大军面貌焕然一新,结果在大别山站稳了脚跟,创建了大片革命根据地。

潘汉年香港秘密渠道送精英

1948年12月27日凌晨,一艘苏联货轮"阿尔丹号"缓缓离开香港的维多利亚港,向东北方向驶去。

与此同时,在香港市区的一家旅馆里,聚着几个生意人模样的人,他们有的在屋里踱着步,有的凝视着窗外闪烁着的霓虹灯不停地吸着烟,有的坐在桌边守着电话,都在焦虑地等待着什么。突然,电话铃声大作,这几个人立即紧张地冲到桌前,其中一个定了定神,沉着地拿起电话,话筒里立刻传来一句"船开了,货放在大副房间里,英姑娘没有来送行"。谜一般的话语让大家都松了一口气。天大亮之后,他们陆续走出门外,分头悄然离去。

其中,一个眉清目秀的中年人,戴着一副金丝边眼镜,头发梳得溜光,身穿笔挺的西装,脚蹬锃亮的皮鞋,气派十足。他出门后,望了望天边的晨曦,又低头看了下手表,转身上了一辆车——终于将第三批人员安全送走,又完成了一项党交给的重要任务,潘汉年在车里长舒了一口气。

潘汉年,江苏宜兴人,1906年出生,1925年加入中国共产党,1931年之后,战斗在党的隐蔽战线上,是一位充满神秘色彩的传奇人物。这时,他在中共香港分局和中共华南局,主持在港的情报工作与统战工作。

潘汉年

随着人民解放战争的胜利发展，1948年4月30日，中共中央向各民主党派、社会各界名士发出召开政治协商会议、成立民主联合政府的号召，立即得到民主党派和全国各界人士的热烈响应。

在了解到民主党派领导人的态度后，8月初，周恩来致电中共香港分局，要求潘汉年等人将在港的民主人士秘密送往解放区。

此时的香港，国民党特务云集，港英当局警戒森严，中共在港活动不时受到骚扰和严密监视。

当时聚集香港的民主人士中有很多在国内外都有一定声誉和影响，必须绝对保证他们的安全。于是，一个由潘汉年、钱之光负责，许涤新、饶彰风、乔冠华、夏衍等组成的专门小组成立了。专门小组绞尽脑汁，想了许多办法，最终敲定先租用外籍轮船开往东北，运来大豆、人参、药材和土产，在香港市场卖出，然后买进解放区急需的西药、纸张、五金运回东北，趁此机会，让参加政协会议的民主人士分期分批搭船北上。

经过反复周密的讨论，潘汉年等人对如何分批行动，每次租哪个国家的船，上船经过哪条路线以及沿途由谁护送等，都做了严密而巧妙的安排。单是租船就大费心思，既要轮船公司及轮船、船长安全可靠，又要考虑开船时间及海上交通的安全，船太大了很惹眼，太小了又担心受不了海上风浪。

为了避人耳目，规定要走的人各走各的路。有的从家里转到朋友家，有的在旅馆开个房间停留半天，不随身携带行李，看不出要出门旅行的迹象，到达约定地点后，由专人护送上船。上船后，重要人物被安排在船长室，不再露面，以避免海关检查。在外面的人，有的西服革履，扮成洋行经理的模样；有的则是长袍马褂或普通衣装，装成商人坐船到东北做买卖，口袋里还装着一套货单，事先还准备了一套应付检查的言辞。

这样，9月29日，第一批由香港北上的沈钧儒、谭平山、章伯钧、蔡廷锴等人安全到达哈尔滨；11月23日，包括马叙伦、郭沫若在内的第二批在港民主人士顺利登船北上。

聚集在香港的名流突然消失了不少，引起香港社会的关注。

国民党特务发现一些民主人士已不再露面后,便加紧了监控,气氛陡然紧张了起来。

时任民革中央主席的李济深已经成为万人瞩目的对象。当时,在战场上连连失败的国民党政府还存有"划江而治"的幻想,国民党特务和港英当局都认为只要把李济深扣留在香港,就可以以他为一个重要筹码;中共中央则多次邀请李济深北上参加筹备新政协,并将他名列被邀请名单的首位。因此,许多特务时常以各种名义登门"拜访"李济深,实际上对他进行监视。还有一些人不断挑拨,对李济深说:"你不能去解放区,到那里你就身不由己了。"弄得李济深不得安宁。在这种错综复杂的情况下,要想护送李济深离开香港北上,确实困难重重。

在潘汉年的建议下,李济深闭门谢客,等待时机。

潘汉年则仔细安排李济深北上事宜:租哪家公司的船合适?船上的负责人对党的态度如何?安排哪些人同行?有几个人认识李济深?带多少行李?如何应付检查?对这些问题,他确定了最保险的方案后,又与饶彰风、夏衍等商定陪李济深出门、住旅馆、搬行李、保卫、放风和随时向他报告消息的人选。

为安全起见,潘汉年组织民革中与李济深亲近的人一同北上,最终敲定了第三批北上的民主人士名单,主要有李济深、茅盾夫妇、朱蕴山、章乃器、彭泽民、邓初民、洪深、施复亮、梅龚彬、孙起孟、吴茂荪、李民欣等,加上中共随行人员共30多人,然后将行动方案专门向李济深做了秘密通报。

12月下旬,圣诞节即将到来,全香港都沉浸在浓厚的节日氛围中。行动小组租用的一艘从香港直航大连的苏联货轮停泊在维多利亚港,这批民主人士的登船时间就定在假日期间。

12月25日,香港放假狂欢,港英当局密切监视李济深动向的特务负责人王翠微接到请帖,邀他们夫妇26日到李公馆"欢庆圣诞"——王翠微由此认定李济深不会于近日离港。由于正赶上圣诞假期,特务们都心不在焉,放松了戒备。

这天晚上,李家举行了盛大宴会,一时间宾客云集,觥筹交错。

宴会结束后,李济深和朱蕴山等人又带着酒菜,来到维多利亚港,坐上交通员掌舵的游艇,装作去海上游览夜景的样子,在水面上游弋。夜深以后,小游艇悄悄靠上苏联货轮"阿尔丹号",李济深等人悄然登船,与等在那里的其他人员会合。李济深则迅速钻进船长室,再也不在甲板上露面。27日凌晨,"阿尔丹号"顺利通过检查,乘风破浪向大连港驶去。

1949年1月1日,"阿尔丹号"在航行中迎来了新年的第一缕曙光。

船上的民主人士相互祝贺新年。在茅盾拿来的笔记本上,李济深兴奋地挥笔题词:

同舟共济,恭喜恭喜。一心一意,来做一件大事。前进!前进!努力!努力!

同一天,香港《华商报》发表了李济深离港前写好的《元旦献辞》:

一切民主阵线的朋友、爱国的人士……都应准备其知识能力……为建立一个民族独立、民主自由、民生幸福的新中国而奋斗。

与此同时,香港有记者就蒋介石发表《元旦文告》去采访李济深,才发现人去楼空。于是,岛内谣言纷起。直到1月4日,美联社才播发了一条"李济深已离港赴华北中"的消息。而此时,李济深等人乘坐的轮船已过了台湾海峡。

经过10多个昼夜的艰难航行,"阿尔丹号"于1949年1月7日安全抵达大连。

截至1949年3月,整个接送工作基本完成,经潘汉年之手从香港护送北上的民主党派领导人、民主人士、各界名流及部分家属等达350人以上。其中有119人参加了政治协商会议。

1949年春,上海解放在即,潘汉年等人奉命撤出香港,接受赴上海接管的任务。

解放军夜宿上海大马路

1949年5月下旬,响了半个月的上海战役的枪炮声渐稀。伴随着一夜稀稀拉拉的枪声,下了一夜的雨,在25日一大早,停了。上海,这座中国最繁华的大都市在天光中渐渐显露出它的轮廓,恢复了生气,从睡梦中醒来的人们踏着积水纷纷走出门外,享受这清晨的宁静。

这时,一辆高级轿车从一幢小洋楼边的弄堂里慢慢开了出来。开车的是一个30多岁的男人,他西装革履,气质非凡,眼神深沉睿智,闪烁着光芒,圆圆的脸上看上去十分平静。但是,此时他的内心却起伏不定,期待、激动、不安、忧虑全交织在一起:上海就要解放了,共产党解放军即将进驻,这座国际化大都市的未来自己无法预知,但他不想离开这片养育自己的土地,不想离开他为之奋斗的事业。何去何从,他心里还没有底,于是想上街先探探虚实再说——他就是上海著名的实业家荣毅仁。

车左拐右转慢慢悠悠地开上了湿漉漉的街头,路边的法国梧桐被洗出一片新绿,树叶还在一滴一滴滴着雨水,高低错落的楼宇墙壁被雨水打得斑斑驳驳,招牌林立的街上看不到行人,十里洋场此时一反常态地静谧。

这时,一幕场景让荣毅仁情不自禁瞪大了双眼,忙把头伸出了车窗外——只见长长的街道两旁的屋檐下,那潮湿阴冷的水泥地上,一排排解放军战士正在酣睡,一眼望不到头。他们的军装被打湿了一大半,打着绑腿的脚上还沾着泥巴,睡姿各具形态,有的蜷缩着双腿,有的直挺挺地躺着,也有几个背靠背坐着,有的拢着双手枕着背包,有的抱着枪支靠在墙角,一个挨着一个睡得香甜。看来他们是累极了困极了。这"睡觉大军"让荣毅仁很是吃了一惊。

这时,陆续有一些早出门的市民走到马路上,也被眼前的情景惊呆了。然后他们纷纷掉转身,匆匆忙忙跑回弄堂,大呼小叫起来:"马路两边睡着许多军人!"

这事一下子传开了,有一些好奇的市民跑出来,聚在一起,远远地站着,指点着,议论着:看军装的样子与先前几天的国军不一样……头上戴的不是美式钢盔,军帽上已经不是青天白日的帽徽了,也分不出啥人官啥人兵,军衣上满是尘土,绑腿上还沾着泥,看上去很累很疲劳……

"天下竟有这样的好军队!"一时间,香港、西欧、北美等地的报纸上,醒目地刊登了人民解放军在十里洋场露宿街头的照片,还配发各种评论。

美国合众社也报道当时的场景:

中共军队军纪优良,行止有节,礼貌周到……虽然有许多大厦是大开着,可以用来做军营,而中共军队仍睡在人行道上……

"记得那天我开了一辆汽车到马路上去看,看到解放军战士就在马路边席地而卧,毫不扰民。"后来担任国家副主席的荣毅仁这样回忆说,"我的车开到一个路口,有位解放军战士告诉我,前边还有战斗,不安全,要我别过去,态度和气诚恳,这是我第一次接触解放军,对照国民党军队真是完全不一样。"

当时,荣毅仁是上海三新银行董事兼经理、上海合丰公司董事、江苏无锡茂新面粉公司经理,在荣氏家族中举足轻重。

1949年年初,荣氏父子心情复杂,荣毅仁的太太已经托人在香港租好房子,打算在"形势紧迫"时,举家迁往香港。

这一天的见闻以及随后人民解放军的各项政策,让荣毅仁改变了主意,荣家留了下来。

当时，新华社随军记者艾煊在报道中这样写道：

战争给人们创造了一种特殊的生活式样……今天，战士们甜蜜地躺在马路上做短暂的休息，大家在躺下时，都轻声地笑道：'呱呱叫，平得很，就是凉一点。'慈祥的老太太，热情的青年学生，商店的老板、店员，都诚恳地请求战士们到他们的房子里去休息一下。可是战士婉谢了，他们不愿擅入民宅，他们不愿在这一小事上，开了麻烦群众的先例，开了违反人民军队传统的先例。

部队模范地执行了城市政策纪律，在市区内一律不进民房，全部露宿在马路街头，谢绝一切物资慰劳，积极开展宣传工作，人民群众热烈拥护和赞扬。

"上级没要求我们睡马路，只是让我们'不入民宅'。"此时，夜里攻入大上海的中国人民解放军第三野战军第九兵团的战士们并不知道，他们不经意间的行为，却变成了一个震惊世界的举动。

从1949年4月21日开始，解放大军渡过长江，全面向江南挺进，解放了一座又一座城市，5月，解放上海已是箭在弦上。

早在渡江战役之前，总前委就制定了严格的《入城三大公约十项守则》，其中最重要的有两条：一是市区不使用重武器；二是不入民宅。当中共中央收到《入城守则》的草案后，毛泽东在来电上批复了8个大字："很好，很好，很好，很好！"

进攻上海前，上海接管工作班子——军管会成立，陈毅、粟裕分别担任军管会正副主任，军管会有2万多人集中在邻近上海的江苏丹阳学习。

在战役正式打响的前两天，军管会召开

睡在马路上的解放大军

了一次整训大会。

在会上,陈毅再三强调了军纪问题,他说:"上海只有敌人五六个军,以前那些恶仗不会有了。我们走到哪里,解放到哪里。要把中心转到接收城市、保护公私财产上。我们进入上海,仍像在前线打仗,也可能在上海打败仗。我们共产党员要意识到这一点才是聪明的,没意识到这一点是要犯错误的。进南京、上海是我们胜利的标志。在南京、上海搞坏一件事,全世界都知道……解放军在前线打仗是勇敢的,但进城要虚心谨慎,要小心。我们野战军,在城市里不能'野'。"

"遇到下雨,有伤病员怎么办?"有的干部对《入城守则》中的"不入民宅"想不通。

"无条件执行,说不入民宅就是不入,天王老子也不行!"陈毅强调:"入城纪律不好,入城政策要走弯路。入城纪律是入城政策的开始。"他说:"有计划、有秩序、有纪律,则加快我们好日子的到来;无组织、无计划、无政府则永远不能得到。"他还说:"上海革命胜利解决了,中国革命也就解决了。"

陈毅还提醒大家要讲卫生,胡子要刮干净、衣服要洗清爽,在大城市要讲卫生。

最后,陈毅大声地说:"今天,世界上没有任何力量可以阻止我们接管上海!"

正如陈毅所言,人民军队取得了军政全胜。第三野战军第九兵团第二十七军、二十三军及二十军攻入上海,十万大军露宿街头,这一仁义之举,令上海百姓感动不已。

据说,英军名帅蒙哥马利后来看了那张解放军睡在大马路上的照片后,感慨地说:"我这才明白了这支军队为什么能够打败经美国武装起来的蒋介石数百万大军。"

27日,上海胜利解放,完整地回到了人民的手中。

随着这场特殊战役的结束,人民解放军威武之师、文明之师的形象也从此走向世界。

社会主义革命和建设篇

(1949年10月—1978年12月)

经过解放战争,中国人民终于取得了革命的胜利,迎来了新中国的诞生。中国的历史翻开了新的一页,各行各业百废待兴。作为执政党,中国共产党领导全国人民,开始了社会主义建设的伟大征程,面临着新的考验、新的挑战。在这个时期,顾全大局、团结守纪的长征精神,表现出来的就是党叫干啥就干啥,到艰苦的地方去,到祖国最需要的地方去,团结各族人民,艰苦奋斗,勤俭节约……邱少云、徐立清、邓稼先、邢燕子、雷锋……作为新时期的偶像,他们的故事感动着一代又一代人。

"我们一起种新疆这块大田"

王震和陶峙岳,一个是共产党的高级将领,一个原是国民党的中将,为了祖国的统一和民族的和平,昔日敌对双方的手紧紧地握到了一起。两人共事期间,王震以共产党人的宽阔胸怀、豪爽明朗的性格,和陶峙岳亲密无间,真诚相处。两人辛苦奔波,通力协作,并肩战斗,为建设新疆做出了卓越的贡献。

1949年9月25日,国民党新疆警备司令部总司令陶峙岳率领全疆十万官兵通电起义。得知这个消息,中国人民解放军第一兵团司令员王震兴奋不已。

10月7日,在甘肃酒泉,陶峙岳一见到彭德怀和王震,就急切地表达着内心的激动,说道:"我做梦都想解放军早日进疆啊!""你们早一天开进,我就早一天安心,只是新疆的地理环境和气候条件太差了呀!"

王震听了,坚定地回答道:"我可以告诉陶总司令,人民解放军已做好了进军新疆的一切准备,不管条件多么恶劣,环境如何艰苦,都阻挡不了我们的脚步!"

11月6日,王震由酒泉飞抵迪化(即乌鲁木齐)。一下飞机,王震就与早早等候在那里的陶峙岳热烈拥抱,紧紧握手。

1950年初,王震(左二)与陶峙岳等在研究石河子垦区规划

在交谈中,陶峙岳长长地舒了

一口气,说道:"王司令员一到,我这颗悬着的心就放下来了。我读过《楚辞》,其中最欣赏屈原的《橘颂》,光修剪橘树的剪刀就收集了百把。然而,人在江湖,身不由己,一直未能圆橘园荷锄的美梦。我曾经想着等到全国解放、新疆和平之时,就把部队全部完好地移交给解放军,我就解甲归田,回家种橘子去!"

一听陶峙岳这话,王震诚恳地说:"为了新疆的和平,国土的完整,陶将军苦撑全局,十分的艰难辛劳,按理说也该休养休养了。可是,解甲归田,绝对不行啊。故乡虽美,祖国更大,橘园有诗,毕竟太小。要经营,就经营大的,我们一起种新疆这块大田,如何?"

陶峙岳一时无语,王震拍了拍陶峙岳的肩膀,笑着说:"我是个粗人。在北京中南海,我已经给毛主席、周总理吹过牛了,我要叫新疆变成第二个南泥湾,这靠我王胡子一个人可不成,你们都是我的朋友,朋友有难,你们是应该两肋插刀的,怎么可以拍拍屁股走人呢?"

听了王震的一番话,陶峙岳哈哈大笑起来。

12月17日,起义部队正式改编成中国人民解放军第二十二兵团,陶峙岳任司令员,王震任政治委员。同时,新疆军区也正式成立。彭德怀兼任司令员,王震、陶峙岳和三区民族军首领赛福鼎担任副司令员。

很快,新疆军区接到中央军委的指示精神,要进行大规模的开垦边疆运动,二十二兵团的任务是一年垦荒20万亩。

一天,陶峙岳在全疆官兵开赴的垦区地图前,认真地勾画着思索着。他们即将面对的是一片亘古荒原,恶劣的天气、糟糕的环境,外加没有生产工具,没有住宿帐篷,连一条能走的路也没有,陶峙岳一筹莫展。

这时,见王震走了过来,陶峙岳便问道:"现在,我们面临的是比南泥湾更加艰苦更加重大的生产任务啊,王政委,你说我们从哪里入手?"

王震看了看地图,说:"现在天山南北都在起战火,我们根据部队划分的任务,用创建红色根据地的办法,稳扎稳打,步步为营,你说呢?"

陶峙岳连连点头。第二天,王震和陶峙岳便踏上了奔赴垦区的征程。于是,一场没有硝烟的战斗,在戈壁荒原上打响了。

为了减轻人民群众的负担,王震毅然提出:"全体军人一律参加生产劳动,不得有任何人站在生产劳动之外。""全疆部队除担任祖国边防警卫和城市卫戍勤务的任务外,必须发动11万人到农业生产战线上去。"命令发布后,广大指战员就地驻防,就地屯垦,一手拿镐,一手拿枪,迅速掀起了大生产运动。

这里的条件极其艰苦,战士们住的是草棚子、地窝子,吃的是水煮麦粒、盐水蘸菜。草棚子被大风吹倒,战士们就重新再搭;运输被上涨的河水阻断,没有粮食,战士们就挖苇根填饱肚子。恶劣的环境没有吓倒他们,反而使他们干劲十足。经过一年的奋战,兵团就开荒造田23万亩,开挖整修大小渠道100多条,实现了蔬菜、肉食和粮食的自给,打赢了屯垦戍边的第一仗。

1951年底,新疆军区根据玛纳斯河流域试种棉花成功的经验,向二十二兵团提出1952年在玛纳斯垦区植棉2万亩,达到亩产400斤的任务。接到任务,王震与陶峙岳又全力以赴地投入了争夺棉田高产的奋斗中。他们互相帮助,你追我赶,最后都出色地完成了任务。从此以后,这里成了新疆乃至全国重要的棉花基地。

在准噶尔盆地南缘的大片戈壁滩上,有个小小食宿营点,有40多户人家,住着200余人,因附近一条卵石沟而被称为"石河子"。四周是一片无边的沼泽和荒漠,仅有的一条百米长的土路也是晴天尘土飞扬,雨天泥泞难行。

一次,王震、陶峙岳等人到石河子做踏勘。路上,王震望着窗外的皑皑雪峰,对陶峙岳说:"陶司令,你看,这天山可是座宝库啊,山顶的积雪是取之不尽用之不竭的固体大水库,山下这一带土地肥沃,正是立业建家的好地方!这一次,我们要更仔细地踏勘一番,不但要把石河子建成生产指挥的中心,还要把它建成一座现代化的城市！"

陶峙岳应声答道："这件事就请司令员交给我办吧！"

王震高兴地说："太好了，有陶将军挂帅，定会旗开得胜，马到成功。"

在与专家商量后，王震决定在石河子居民点的东南1000米处，建立一座新城。陶峙岳立即派出二十二兵团勘测队来到石河子，组织人员绘制了《拟建新城及公路位置图》，自己也到石河子坐镇指挥。

不久，王震、陶峙岳又从上海请来了专业工程技术人员，绘制《新疆省石河子城市规划》方案图。

在以后的日子里，王震和陶峙岳带头参加劳动，与战士同吃同住，激励和鼓舞着大家克服困难，渡过难关。

到1954年上半年，石河子市初具规模。如今，石河子已成为绿树成荫、道路整齐的现代化城市，被人们誉为"戈壁明珠"。

1950到1952年，在王震与陶峙岳的领导下，全疆部队克服重重困难进行生产建设，取得了辉煌成绩。

1953年6月，新疆军区根据中央军委和西北军区的命令，将驻新疆部队改编为10个农业师、1个建筑师、1个运输处，共约10.55万人，担负屯垦戍边的任务。

1954年，王震与陶峙岳反复商量后，决定向中央军委建议，将新疆部队集体转业，成立新疆生产建设兵团。中央军委接受了他们的这一倡议，很快成立了新疆生产建设兵团，由陶峙岳担任兵团司令员。

1955年，中国人民解放军第一次实行军衔制，王震和陶峙岳一同被授予上将军衔。不久，王震被任命为国家农垦部部长，回到了北京，领导全国范围内的农垦工作。而陶峙岳则留在新疆，继续为建设新疆而努力奋斗着。

邱少云在烈火中永生

在朝鲜上甘岭以东、金化西面的391高地上,有一块石壁,上面镌刻着这样一行大字:

为整体、为胜利而牺牲的伟大的战士邱少云同志永垂不朽

这块石壁是朝鲜人民为纪念和缅怀中国人民志愿军烈士邱少云而修建的。

邱少云,1926年生于四川铜梁,1949年12月参加中国人民解放军。1951年,他被编入中国人民志愿军第十五军二十九师八十七团三营九连,奔赴朝鲜战场,同朝鲜人民和朝鲜人民军一起并肩作战,抗击美军的侵略。

1952年10月,志愿军决定打响上甘岭战役,给敌人以沉重打击。而要取得战役胜利,必须炸掉敌军增援必经的康平桥;要炸掉康平桥,又必须先拿下平康和金化之间的391高地。

邱少云所在的部队接受了这项艰巨的任务——消灭盘踞在391高地的敌军。然而,391高地由南峰、北峰、主峰组成,地貌奇特,敌军在半山腰布下了一个加强营,不仅火力强大,还构

邱少云之墓

筑了坚固的地下碉堡,易守难攻。高地的东部、西部分别驻守着志愿军第十五军和第三十八军部队,我军稍有行动,都难逃高地上敌人的视线。而且在我军阵地到391高地之间,有着3000米宽、蒿草丛生的开阔地,这是敌人的炮火封锁区。要在炮火下这样长距离地冲击,必定导致我军较大伤亡。因此,为了缩短冲击距离,出奇制胜,上级决定在发起总攻的前一天夜里,把部队潜伏到敌人阵地的前沿,打他个措手不及。

10月11日,遵照上级命令,三营派出50多名官兵,趁深夜潜伏到391高地的山坳中。

要在敌人眼皮底下隐蔽20多个小时而不能暴露,谈何容易!出发前,营长做战前动员,再三强调:"潜伏时不能动弹,不准咳嗽,哪怕是虫叮蛇咬,都不能动,必须潜伏到第二天傍晚5点30分发起总攻,这是铁的纪律!"他给每人发了两粒糖果用以镇咳,还要求指战员不准携带人民币、纪念章等,只准带士兵证,以备万一牺牲留下姓名。

邱少云被选派参加潜伏部队,并担任了发起冲锋后扫除障碍的爆破任务。出发前,他向党支部递交了入党申请书,上面写道:

宁愿自己牺牲,决不暴露目标,为了整体,为了胜利,为了中朝人民和全人类的解放事业,愿献出自己的一切。

在夜幕掩护下,潜伏部队三四人一个组,分散开来,摸进391高地下的山坳。他们在距敌前沿阵地60多米处的草丛中构筑好单人掩体,潜伏进去,把脸埋在地上,双手趴在地上,每个人从头到脚都插上了野草,伪装起来,机枪也用树枝荒草遮盖,显不出一点儿痕迹,猛一看上去,很难发现这片荒草地里藏着人。

邱少云与李士虎、庞中德3人组成的爆破组,潜在最前面。这里离敌人阵地很近,可以清楚地看到从敌人地堡枪眼里伸出来的机枪筒和瞭望孔里探头探脑的面孔,有时,敌人讲话的声音也能清楚地听到。那天,大地一片寂静。也许是过于寂静了,敌人疑神疑鬼,草木皆兵,但又不敢出来巡逻,就不时地对周围地带放冷枪进行骚扰试探。

时间一秒一秒地过去了,潜伏的战士们个个屏气敛息一动不动,焦灼地等待着总攻时刻的到来。

为了掩护潜伏部队,指挥所命令炮兵对敌进行打击。敌人遭到打击后出动飞机侦察,并向周围盲目发射炮弹,其中有一些落在了潜伏区,一些战士受伤了,也有人牺牲了,但他们还是纹丝不动。

第二天临近中午,敌人突然向潜伏区进行扫射,并投掷燃烧弹。一颗燃烧弹正好落在邱少云附近,把枯黄的山草点燃了,火借风势,一点点向邱少云逼近,最后燃着邱少云的衣服。此时,为了防止身边的爆破筒被引爆,邱少云将爆破筒慢慢推给离自己最近的战友。

"哎呀!怎么办?"在一边的战友见了,心都提到了嗓子眼。

其实,这时邱少云只要就地打几个滚就可以灭掉身上的火焰。可是,如果那样做,目标马上就会被暴露,潜伏的战友就会遭到灭顶之灾,整个作战计划将受到影响。

邱少云没有那样做!

他咬紧牙关,强忍着烈火烧身的剧痛,额头上滚落下豆大的汗珠,嘴唇被咬出了血,然后,他痛苦地把手插进泥土里,嘴拼命地啃着土地,身体紧紧地贴着地面,又几次抬起头向战友们张望。

火,从他的腿部,逐渐蔓延到背部,烧烂了他的皮肤,烧焦了他的头发……最后,浓烟包围了他。

"天哪,这可怎么忍受得了!"

总攻时间没到,谁也不能动!

战友们只好眼睁睁地望着火在邱少云身上蔓延,一个个心如刀割,泪如泉涌,他们都痛苦地闭上了眼睛,不忍目睹眼前的惨状。

就这样,大火燃烧了半个钟头,一个活生生的人慢慢变成一具焦炭体,邱少云直到生命的最后一刻,也没有挪动!

下午5时30分,我军向敌人阵地发起了猛烈的炮击,总攻的时间到了！随着嘹亮的冲锋号声，潜伏着的战士们怀着满腔怒火一跃而出，高喊着"冲啊！为邱少云同志报仇"的口号，排山倒海般冲向391高地。20分钟后，敌人全部被消灭，391高地上飘扬起胜利的旗帜。

战斗结束后，同志们在邱少云潜伏的位置，找到一具黑色的被烧焦的躯体，只有嘴和一只手插入土中，没被烧焦，地上已被抠出深深的土坑……

为了表彰邱少云崇高的集体主义精神和顽强的革命意志，所在军党委根据他生前意愿，追认他为中国共产党党员，并追授模范青年团员称号。

1952年11月，中国人民志愿军领导机关给他追记特等功。

1953年6月，邱少云被追授"中国人民志愿军一级英雄"称号，还被朝鲜民主主义共和国授予"朝鲜民主主义共和国英雄"称号以及金星勋章、一级国旗勋章。

邱少云，这个光辉的名字永远与严守纪律、不怕牺牲的精神相提并论。他那惊天地、泣鬼神的英雄事迹，被永远铭记在中朝两国人民的心中，激励着一代又一代人。

徐立清让衔的故事

徐立清是安徽省金寨县人,1929年参加中国工农红军,1930年加入中国共产党。他从担任红四军第十一师政治部组织科科长到任中国人民解放军总政治部副主任,戎马一生,为人民军队的建设做出了卓越的贡献。论职务、资历和能力,在1955年我军实行军衔制时,他理应被授予上将军衔,可最终他仅佩戴上了中将军衔,而且是我军战争年代大兵团级别中唯一一个被授予中将军衔的。

这到底是怎么一回事呢?

1950年9月,徐立清被任命为新成立的解放军总干部管理部副部长,分管军队干部任免和组织调配工作。部长由总政治部主任罗荣桓兼任。

为加强军队的正规化、现代化建设,1952年11月26日,总干部管理部在呈交毛泽东及军委的报告中,拟订了在军队实行军衔制的初步计划。经研究确定,解放军从1955年10月1日起开始实行军衔制度。消息一经发布,立即在全军上下引起广泛关注。

由于军衔评定关系到每一个军队干部的切身利益,关系到部队内部的安定团结。在评定过程中,既要考虑到一个人的职务级别,又要考虑到他的战功;既要做深入的思想教育工作,又要做细致的组织工作,过程很是复杂。作为参与评定人员,徐立清对全军师以上干部,特别是对有资格被授予将官军衔的1000多人,上上下下逐个审查,反复衡量比较,努力使评定工作有序不乱。

评定工作刚开始时,绝大多数干部都有比较正确的认识,可有一些干部担心自己的军衔评低了会没面子。有的人竟然公开摆资格、列战功、争名分,逢人便说自己资格如何如何老,打仗如何如何猛,认为自己应该得到更高的奖赏。甚至有些人,在提出的要求未能得到满足后,竟然闹情绪,哭鼻子。一时间,评定工作矛盾重重,很是艰难。

根据军官服役条例,按照毛泽东等中央领导的贡献和任职情况,最初方案是将毛泽东定为大元帅,将周恩来、刘少奇、邓小平定为元帅。但当毛泽东看到这一方案时,他提起手中的笔,将自己的名字从大元帅的衔位上圈了出来,说他本人不要大元帅军衔。还说:"依我看,现在不在军队工作的,都不评军衔为好。"结果周恩来、刘少奇、邓小平等纷纷表示不要评军衔。

毛泽东等中央领导人不要军衔的事,给徐立清很大震动。他开始认真考虑自己在这次评衔中的位置。

按照军委规定的条件,级别是正兵团级的军队高级干部一般都会被授予上将军衔。徐立清1949年9月担任第一野战军第一兵团政治委员,后又任总干部管理部副部长,正兵团级,是完全符合授予上将军衔条件的。可他想来想去,觉得自己还是只要个中将为好,这样对工作更有利。因为他考虑到在红军时期自己属于红四方面军,而红四方面军资格老、级别高的干部太多,上将名额有限,占比例过高不合适。另外,自己是总干部管理部的副部长,负责授衔工作,只有把自己的军衔降下来,才便于给一些争军衔的人做思想工作。

于是,徐立清写了一份要求降低自己军衔的报告交给了部长罗荣桓。几天后,当他看到授予上将军衔人员名单中仍有自己的名字时,便用笔把自己的名字划去,在中将名单上添上了"徐立清"三个字。

罗荣桓看到名单后,找到徐立清,批评说:"正兵团职的一般都授上将,这是中央军委定的,你怎么能随便划掉自己的名字呢?你本来就是够资格的嘛!"说着,又把徐立清的名字加到了上将名单中。

名单很快上报到了中央军委，徐立清感到十分不安。

这时，身边有不少人都劝他说："你是符合条件授上将军衔的，非要个中将，其他够上将条件的同志该怎么想？"

徐立清陷入了矛盾之中。

一次，徐立清见到在第一野战军时的老部下黄新廷，和他聊天说到此事："我有个想法想给你说一下，按照条件我是该授上将军衔的。我看哪，我这个上将就不要啦，要个中将，你看如何呀？"随后，他把自己的想法和盘托出。

黄新廷听后，很是感动："你历来对自己要求很严，不争名不争利，你这种思想很值得同志们学习啊！如果全军的广大干部都像你这样，就没有那么多矛盾了。"

徐立清的老战友许世友得知此事后，紧紧握住徐立清的手，连声说："好样的，好样的。"

徐立清的夫人党秀玉也表示支持丈夫的这个决定，说："咱不要在待遇上、名利上和别人争高低，你要中将我支持你。"

正在这时，传来消息，装甲兵司令员许光达也给毛泽东和中央军委写了报告，请求将授予自己的大将军衔降为上将。毛泽东赞扬许光达"是一面共产党人自身的明镜"。徐立清立即连夜给许光达打电话，谈了自己要求低授军衔的想法。许光达对徐立清说："我们要做出榜样来，看那些争着要高衔的人有啥话可说。"

一天深夜，徐立清躺在床上翻来覆去睡不着。他思来想去，决定做事不能半途而废，于是披上衣裳起床，走到桌边，打开灯，给中央军委和罗荣桓写信。

他在信中写道：

我出身于一个贫苦家庭，从小给地主家放牛，是党把我培养成一个革命军人，可我

徐立清中将

与党和人民的要求相比,所做出的成绩是微不足道的,授予我上将军衔心里很不安。论德、才、资、功授予中将我就已经感到十分荣耀了,再三恳求军委和总部领导能批准我的要求。

收到信后,罗荣桓和总干部管理部的另外两位副部长赖传珠、宋任穷商量,把情况向军委副主席彭德怀做了汇报。

一天,彭德怀把徐立清叫到自己的办公室,说:"我很了解你,你不要上将的事,我看还是商量一下再说,这个问题也不是我一个人说了算,这是组织上的决定。"

随着授衔日子的一天一天临近,徐立清心里越来越不安。经过反复思考,他又先后给毛泽东、党中央、中央军委和罗荣桓连续写了几封信,再三表明自己的决心。

后来此事反映到周恩来那里,周恩来亲自找徐立清谈话,说:"你这种精神是值得提倡的,是值得我们每个干部学习的。从战争年代到和平时期,你始终保持着共产党人这种优秀的品质,难能可贵呀。"最后,周恩来同意了徐立清的请求。

1955年9月27日下午,授衔仪式在中南海怀仁堂举行。这次评衔共评出了10位元帅、10位大将、55位上将。授衔仪式结束后,许光达大将找到徐立清说:"我要求降为上将的请求没有被批准,你成功啦,我祝贺你。"

毛泽东对徐立清这种严格要求自己、为全局着想的做法给予高度评价,在一次全军的高级干部会议上,他夸赞徐立清不简单,是我党我军的"好同志,好干部"。从此,徐立清让衔的故事成为佳话,被广为传颂。

邓稼先隐姓埋名研制"大炮仗"

1950年,从美国获得博士学位的邓稼先放弃了优越的工作条件和生活环境,回到自己的祖国。1958年8月,邓稼先突然消失在亲戚朋友的视线里,谁都不知道他去哪儿了,而且一消失就长达28年,甚至连他的妻子许鹿希也不知道他在哪里,在忙什么。直到1986年6月他病重期间,他的名字才出现在全国各大媒体的报道中。大家才知道这个被埋藏了28年的秘密。

那么,邓稼先为什么会消失?那个秘密又是什么呢?

邓稼先,1924年出生在安徽省安庆市怀宁县,后来随着在北京大学当教授的父亲到北京生活。他5岁开始读书,1941年考取西南联大物理系,毕业后任北京大学物理系助教。1948年赴美国印第安纳州普渡大学攻读原子核物理专业。1949年10月,中华人民共和国成立的消息传到美国,"当一场暴风雨过后,祖国已迎来灿烂的黎明……"邓稼先激动万分。

1950年10月,只有26岁的邓稼先获得了博士学位。一周后,他婉言谢绝了导师和学校的挽留,启程奔向新中国的怀抱。回国后,他被分配在新成立的中国科学院近代物理研究所,从事原子核理论研究。1956年,

1950年8月20日,邓稼先在美国普渡大学获博士学位

他加入了中国共产党。

1958年8月的一天,邓稼先下班回家比平时晚了些。

妻子许鹿希随口问:"今天怎么晚了?"

他"嗯"了一声,没有接话。这时,4岁的女儿和2岁的儿子喊着"爸爸,爸爸",跑了过来。邓稼先把两个孩子搂在怀里,半天没说话。

草草吃完晚餐后,邓稼先坐在书桌前沉思了好一会儿,便独自上床休息了。妻子感到他有点反常。

午夜时分,邓稼先躺在床上,怎么也睡不着,他辗转反侧,一直在想着白天在二机部副部长兼原子能所所长钱三强的办公室里,他对自己说的那些话。

这天上午,钱三强把邓稼先叫到办公室,先是目不转睛地看着他,然后缓缓地说:

"稼先同志,国家要放一个'大炮仗',调你去做这项工作,怎么样?"

"大炮仗?"邓稼先稍稍一想,立马明白了——国家要研制原子弹。他又惊又喜:喜的是,自己的祖国要开始研制原子弹了;惊的是,怎么会选中我?

"我能行吗?"邓稼先深知,那是一项几乎从零开始的事业,任务之艰巨、工作之复杂,一般人是难以想象的。他无法预知自己后半生将为此付出什么样的代价。

"行,你行,一定能行!"钱三强的目光充满期待和鼓励。

"当然不是你一个人,而是许多人。不过,你的工作十分重要而光荣。这是组织的决定。这件事要严格保密,谁都不能说。组织规定:上不禀父母,下不告妻儿。"钱三强与邓稼先谈了很久很久……

"这事儿怎么和妻子说呢?"邓稼先一边想着,一边不断翻身。其实,身旁的妻子也一直没睡,她知道丈夫肯定有心事。

终于,许鹿希沉不住气了:"你今天是怎么了?"

"我要调动工作了。"沉默了一会儿,邓稼先终于开口了。

"调哪儿去?"

"我不能说。"
"做什么工作?"
"我也不能说。"
"去多长时间呀?"
"不知道。"
"那你给我一个信箱号码,我跟你通信,行吧?"
"大概这也不行。"
……

又是一阵难耐的沉默。接着,邓稼先轻轻地说:
"我的生命就献给未来的工作了。做好了这件事,我这一生就过得很有意义,就是为它死了也值得!"

许鹿希哭了,问道:"你干吗去,做什么事情要下这个决心?"

"我今后恐怕不能照顾这个家了,全靠你了。"邓稼先没有正面回答妻子的问题。

又是一阵沉默,最后,许鹿希还是回答了丈夫一句:"我支持你!"

那天晚上,邓稼先和许鹿希两人心里都沉甸甸的,度过了一个不眠之夜。

第二天,邓稼先像变了一个人似的,从来不喜欢照相的他,带着妻子儿女到照相馆照了一张全家福。

之后,邓稼先走了,就这样从亲人朋友身边"消失了",没有人知道他去哪儿了、在做什么。他不能公开做报告,不能发表学术论文,不能出国,几乎从未休过探亲假,不能与朋友随便交往,为了保密,甚至连许鹿希的同事都不能来她家做客。

其实,邓稼先被调到二机部九局(后改为九院)任理论部主任。在那里,邓稼先和他领导下的理论研究小组白手起家,夜以继日地工作,草稿纸装进麻袋堆满了几个仓库,最后终于使原子弹的理论设计趋于完成,为后面的试验阶段铺平了道路。1963年,邓稼先又来到西北荒凉的大漠深处,开始了研究和试验。

在这 28 年里,邓稼先听不到父母的叮咛呼唤,听不到妻儿的欢声笑语,面对的是枯燥的数字和实验,看到的是荒漠和雪山……

这期间,为了向周恩来等中央领导汇报工作情况,邓稼先也回去过几次,与妻子见过几面,但夫妻之间一点工作都不能聊,他不能说,许鹿希也不能问。片纸只字不能往家带,更不能带出去。丈夫什么时候回来,妻子不知道;什么时候走,妻子也不知道。有时候突然来了一个电话,汽车马上就等在楼下,警卫员一上来,他马上就走了。

这时候,许鹿希只能拉着孩子们的手目送丈夫的背影。

"妈妈,爸爸要去哪儿?"

"妈妈,爸爸呢?什么时候回来?"

两个孩子时常会摇晃着许鹿希的手问。

"怎么没见孩子他爸?"

"难道你们离婚了?"

邻居同事也疑惑不解,纷纷猜测。

听着这些话,许鹿希只能咽下心中难言的苦,默默承担起家中的重担。

1964 年 10 月 16 日,中国成功爆炸第一颗原子弹!

1967 年 6 月 17 日,中国成功爆炸氢弹!

就在原子弹试验成功的第二天,邓稼先才得知母亲病危的消息,等到他赶到母亲的病榻之前时,母亲已经一句话都说不出来了。他只有流着泪长跪不起。

直到此时,人们仍然不知道邓稼先与原子弹会有什么联系。邓稼先的岳父许德珩在得知我国原子弹成功爆炸之后,曾经向著名科学家严济慈打听:"原子弹究竟是谁搞出来的?"严济慈哈哈大笑,说:"你还问我?回家问你女婿去吧!"

由于长期辛苦劳累加上核辐射,1986 年 6 月,邓稼先身患癌症已经到了无法救治的地步。经中央批准,全国各大报纸在首要位置介绍了这位了不起的"两弹"元勋。他周围的人这时才恍然大悟,终于明白邓稼先在这神秘的 28 年里做出了怎样的贡献。

当上了农民的"小燕子"

在这激情燃烧的岁月中,最能体现激情之美的,是一位叫做邢燕子的女性。留在我们记忆中的,是时尚潮流几十年一次的轮回,邢燕子以她的美,打动了那一段略显生硬的岁月。

这是互联网在评选出"60年中国十大风尚影响力女性"时,给邢燕子的颁奖词。

对于这件事,如今已经76岁的邢燕子总是笑着说:"我已经老了,美不起来了。但是,我想,劳动的美是不会老的。"

那么,邢燕子是谁?她真的很美吗?美在哪里?

当年,邢燕子曾是1960年10月期《人民画报》的"封面女郎"。照片上的她朝气蓬勃,结实健壮。黝黑的圆脸,英气十足的短发,扎着俏皮的蝴蝶结,手握镰刀,身背箩筐,站在蓝天下向着朝阳微笑。这张照片极富感染力,散发着一种向上的健康的青春美,一经登出,风靡全国。作为"邢燕子突击队"的队长,邢燕子被定义为那个时代的美女,顿时成了年轻人争相模仿的对象,是全国年轻人心中的偶像。

邢燕子

邢燕子,大名邢秀英,小名燕子,1940年出生,天津市宝坻县人。她的父亲当时是天津陶瓷厂副厂长,全家人都在天津。1958年,邢燕子初中毕业了,她完全有条件在城里当工人,也可以继续升学。但是，她没有选择到父母所在的天津市区工作，而是来到家乡宝坻县大钟庄乡司家庄村务农。从小就在农村爷爷身边长大的她，此时想法很简单，就是一心想回乡下跟爷爷做伴。

"当时并没有多高的思想境界，更从来没有想过出名啥的，就是想念爷爷，也真的喜欢农村。"

"1958年我是自愿去农村生产劳动的。当时中学毕业，正是抢种小麦的季节。爷爷还在农村，又赶上自然灾害，国家粮食不能自给。周总理也号召，发展农业生产，全国人民勒紧裤腰带过日子。我就想，作为青年就应该去农村干自己最应该干的事。我是一路小跑进村的！"后来回忆起当年自己的选择，邢燕子笑了。

下乡，可不是说说想想那么简单。

刚回乡时，生产队长看着这个城里来的小姑娘一脸稚气，压根儿不会干农活，就派她到食堂帮忙。

初来乍到，邢燕子就闹了笑话。

一次，食堂熬了一大锅粥，让她帮忙看着。不一会儿，粥煮开了，然后慢慢溢了出来。

"糟了！这咋办？"从没做过饭的邢燕子顿时傻了眼，不知所措。她手忙脚乱地跑到门外，急得大喊："快来人啊！粥都跑出来啦！"

大爷大婶们见了，呵呵直乐，逗她说："傻姑娘，你给它磕个头，它就不跑了。"

邢燕子当真傻乎乎地跪了下去，引得大伙儿笑得直不起腰来。

当时，村民们都私下议论这个城里姑娘"待不长久，过段时间总要回城"。

可是，邢燕子却认定了要在农村扎根，她发誓要改变家乡贫穷落后的面貌。

20世纪50年代末，全国都在搞大跃进大建设，司家庄村里的青壮劳力大多去外地支援建设了，村里剩下的大多是老弱妇孺。

劳力紧缺，生产任务怎么办？

邢燕子开始动脑筋想办法。她琢磨，要想完成任务，一定得动员村里的女劳力。要解放妇女劳动力，首先必须把她们从繁重的家务中解放出来。于是，她就跟几个伙伴组织了一个幼儿园，收管了全村30多个满地乱跑的孩子，一下子让许多青年妇女腾出手来。然后，邢燕子把妇女们召集在一起，对她们说："反正闲着也是闲着，上田干活，还能挣点工分吃粮食呢。"

后来，邢燕子干脆组成了一个妇女"生产突击队"。突击队刚成立的时候，才五六个人，后来参加的妇女越来越多，最多的时候有十五六个人。邢燕子带领突击队，哪里苦就奔向哪里，哪里完不成任务就往哪里上，大家跟男人一样干活做工：打鱼、耙地、上肥、抗沙……

"我那时不太会干农活，只有苦干加实干，干不完就不休息。"

"白天黑夜拼了命地干。有时在太阳底下休息，刚坐在锄头把上就睡着了。"

就这样，邢燕子终于成了生产能手。她和农民打成一片，在生产上不怕苦、不怕累，在生活上也十分简朴节省。父亲寄给她20元钱，让她做件新衣裳，她却把钱借给队里买化肥。她还带领7名青年妇女组成一个女子打鱼队，趁着冬季农闲时，白天砸开三尺厚的冰窟窿结网打鱼，饿了就拿出揣在怀里的干粮、玉米饽饽啃一口。晚上，她们在马灯下打芦苇帘子、编草帽辫子，往往一天只能睡五六个小时。最终，她们3个月的辛苦劳作给村里挣了3600多元钱，这在当时可是一大笔财富。她还带领突击队员开垦荒地，治理盐碱。司家庄村民们都说，有了"燕子"全村变了样。

当时正是农村最困难的年头，邢燕子做出的成绩迅速引起了媒体的注意。有个报社记者在采访时得知邢燕子的小名，就说："燕子，这个名字更形象。"

当地领导来检查工作的时候，也笑着对邢燕子说："你这燕子的名儿还是不错的，能够飞黄河、跨长江啊！"

1959年秋天，地委书记在接见邢燕子的时候，建议说："把那大名去掉,就叫邢燕子。"

接着,中共河北省委、天津市委开展了"学习邢燕子、赶上邢燕子、热爱农业劳动,建设社会主义新农村"的活动。以后大家就都叫她邢燕子,本名反而鲜为人知了。

1960年9月,《人民日报》发表长篇通讯《邢燕子发愤图强建设农村》。10月,《人民画报》在封面刊登了邢燕子的大幅照片。在这期画报上,还刊登了时任全国人大常委会副委员长的郭沫若为邢燕子写的一首《邢燕子歌》:

邢燕子,好榜样。学习王国藩,学习铁姑娘。全家都在城,自己愿留乡。园中育幼幼成行,冰上治鱼鱼满网。天寒地冻,抢种开荒,要使石头长出粮。吃苦在前享乐后,一切工作服从党。北大洼变成金银窝,燕子结成队,奋飞过黄河。

邢燕子,榜样好。青春献农村,青春永不老。一马能当先,万马齐赛跑。立下雄心天样高,鼓足干劲风力饱。克勤克俭,有说有笑,能把劳动当成宝。为国为社多打粮,国好社好大家好。司家庄变成鱼米乡,燕子结成队,奋飞过长江。

这首歌后来还被著名作曲家刘炽谱曲,在广大青年中广为传唱。从此,邢燕子之名更是闻名遐迩,家喻户晓,村里的妇女突击队也被称作"邢燕子突击队"广为宣传。

此后,邢燕子入了党,既是头上的官衔达16顶之多的"邢十六",也是一个各种农活一件不落的普通农民的妻子。养猪、起猪粪、打猪草、拾柴火……她仍然朴实、淡定,微笑着自我介绍说:"我就是一个农民。"

如今,当年那个"小燕子"已成为"邢奶奶",她对自己的人生经历做了总结:"因为在农村生活,我才更多地感受到了这个世界。回顾我这一生,值!"

像春天般温暖

在雷锋珍藏的日记本里,有一页写有这样四句话:

对待同志要像春天般的温暖,
对待工作要像夏天一样的火热,
对待个人主义要像秋风扫落叶一样自敬,
对待敌人要像严冬一样残酷无情。

这四句话用春、夏、秋、冬四季特征做比喻,把一个革命者对待同志、对待工作、对待错误思想以及对待敌人所应有的态度,十分形象地表述了出来。

这,也是对雷锋自己的真实写照。

雷锋,既是人民军队中的一名普通士兵,也是一名伟大的共产主义战士。他原名雷正兴,湖南长沙人,1940 年 12 月 18 日生,1960 年参加中国人民解放军,同年 11 月加入中国共产党,任沈阳军区工程兵十团运输连二排四班班长。1962 年 8 月 15 日,因公殉职,年仅 22 岁。

在雷锋短暂的一生中,为集体为人民做了无数件好事。他大公无私,热心助人,关心战友,荣立过二等功一次、三等功两次。1963 年 3 月 5 日,毛泽东为他亲笔题词"向雷锋同志学习",3 月 5 日后来被定为学雷锋纪念日。

作为一班之长,雷锋带领全班战友执勤、训练、学习、生活,他恪尽职守,处处以身作则,严格要求自己,关心爱护战友,帮助他们提高各方面的素质,将全班凝聚成为一个团结坚强的战斗集体。

由于是汽车兵,经常要接受一些临时出车任务,有的战友走得急,换下来的脏衣服、脏袜子来不及洗,只要雷锋在,他都会利用休息时间,把它们洗得干干净净,有破的地方也缝补好,然后叠得整整齐齐,放在战友们的床头。

有一次,同班战友韩玉臣夜间出车归来,裤子不小心被汽车电瓶里的硫酸烧了个洞。当时夜已很深,小韩又累又困,脱了衣裤钻进被窝里就睡了。

雷锋值夜班回来,在看书的时候,无意中发现韩玉臣棉裤上的破洞,考虑到天气那样冷,第二天早晨还要出操,小韩穿这样破的裤子一定会漏风挨冻,便连忙找出针线包,想帮小韩缝补起来。这时,他发现找不到同色的布,革命军人军容仪表很重要,军装上总不能补个其他颜色的大补疤呀!雷锋左顾右盼一阵找寻,这时突然瞥见自己放在一边的军棉帽,不禁心里一动:帽子里衬的颜色不正合适嘛!这时已是凌晨三四点了,但他打起精神,一点一点拆下自己帽子里的衬布,然后再一针一线地给小韩补起裤子来。裤子补好后,又把它轻轻地盖在小韩的身上。

直到第二天早晨出操回来,在烤火时,韩玉臣才发现自己裤腿上的破洞不见了,取而代之的是整整齐齐的补丁,不禁喊道:"哎,真奇怪!我的裤子是谁帮我补好的?"

他问谁,谁都说不知道。雷锋在一旁听了微笑着没有吱声。

后来,还是班里的一个战士告诉他:"为了给你补裤子,班长昨晚忙了半宿哪!你再看看他的帽子!"

小韩揭开雷锋的帽子一看,里面的衬布没有了,一下子就明白了,心里真是又感激又惭愧。

战友乔安山和雷锋在参军前就是好朋友,他俩在鞍山一起当工人。当时,由于乔安山和许多工人一样,都没上过学,文化水平低,连家信都不会写。因此,每到节假日,雷锋就在集体宿舍门口,坐个小凳子,前面再摆个大凳子,帮助工友们写家信。

雷锋常说:"一花独放不是春,百花齐放春满园。"他看到班里有战友学习掉队,就会深深自责。

在汽车班,雷锋和乔安山同开一辆车,两人经常一起切磋驾驶技术。雷锋有文化、脑子灵、领会比较快,看到不太识字的乔安山学得十分吃力,就主动帮助他学政治、学技术、学文化。

当时部队掀起了学文化的热潮,运输连开设了初小班、高小班和初中班。连里缺少文化教员,就动员大家"兵教兵"。高小毕业的雷锋在连队也算是个知识分子了,他一心想为连队建设服务,便自告奋勇当了一名兼职小教员。

由于乔安山对学习信心不足,有畏难情绪,一提学文化就头疼,上课也不带笔和本子,有时还缺课。雷锋让他做作业,他就推说钢笔丢了,还自嘲说:"我从小没念过书,净放猪了,现在年龄大了,'榆木疙瘩脑袋'油盐不进,整不明白那些个文化词儿。"

对此,雷锋二话不说,立即提出和乔安山结成"一帮一"对子,手把手教他识字写字,一步步循序渐进地引导他。

"为了帮助我学文化,雷锋用节约下来的津贴费为我买了钢笔和笔记本,那真叫手把手地教哇!"乔安山后来回忆说。

"可我开始时还是不怎么用功,还把雷锋给我买的笔记本上的纸撕下来,用来卷烟抽。看到这种情况,雷锋就善意地诚恳地批评我,他还引用毛主席的话'没有文化的军队是愚蠢的军队,而愚蠢的军队是不可能战胜敌人的'来开导我。这下子我可真的感动了,下决心好好学习了。"

"真是功夫不负有心人,经过一段时间的努力,有一次考语文,我还得了 100 分呢!我现在肚子里的这点'水儿',这点文化底子,要不是雷锋当年帮助我、督促我、辅导我,我哪会有今天呢?"乔安山一边回忆一边感慨。

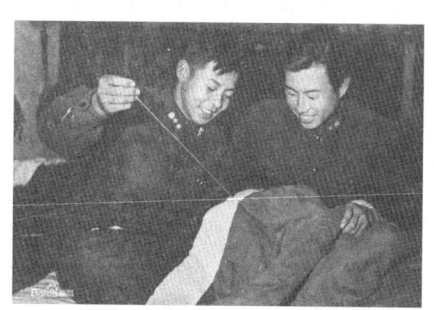

雷锋帮战友缝被子

在雷锋耐心细致地辅导下,乔安山的学习一天天进步,雷锋按期完成了教学任务,全班总评成绩优秀。

乔安山家里生活困难,母亲生病,当时战士每个月只有6块钱津贴,乔安山也无法接济家里,心里很是不安。雷锋得知后,就瞒着乔安山,以小乔的名义,把自己平时省吃俭用存下来的钱先后分两次给乔家寄去,一次寄了20元,一次寄了10元。

乔母病好后,有一次来部队探望儿子。见到儿子,她很高兴,对他说:"幸亏你往家里寄钱了,那些钱都用来给娘买药了。这不,娘的病才好得这么快啊!"

乔安山一听就糊涂了,心想:我没给家里寄钱呀!该不是咱娘记错了吧?他便仔细询问了具体情况。母子俩聊着聊着,乔安山慢慢明白了——肯定是雷锋寄的!

他到班里找到雷锋一问,雷锋也就没再隐瞒,说:"你的家就是我的家,你的母亲就是我的母亲,你的困难就是我的困难。作为儿子,给母亲、给家里寄这么点钱,又算得了什么呢!"

乔母听说后激动得直抹眼泪,得知雷锋是个孤儿,很是心疼。她让乔安山把雷锋叫来,仔细量了雷锋两只脚的尺寸,非要给这个儿子亲手做双鞋不可。老人回到老家后,一针一线地为雷锋做了一双千层底布鞋。不幸的是,这双鞋还没寄到雷锋手上,雷锋就因公殉职了。

听到噩耗,乔母大哭了一场,她不断地念叨:"这么好的孩子,怎么就走了呢!"这件事也成了乔安山的终身遗憾,他一直说:"雷锋对我这么好、帮助这么大,可我又为他做过一点什么呢!"

雷锋就像是春天,始终温暖着身边的人;雷锋就像是一团火,始终照亮着别人。

周恩来藏在心底的秘密

周恩来是一位始终严格遵守党的保密纪律的共产党员,他的妻子邓颖超,作为一名老党员也深知保守党内机密的重要性。他们虽然是夫妻,但从不在一起谈论工作上的事,各自守口如瓶,严守党纪,把秘密都藏在心里。

新中国成立后,周恩来担任国务院总理。平时,他在车上给秘书布置任务前,总是先按下电动按钮,待玻璃隔断升上来将前后座位隔开后,这才向秘书布置任务,之后再按电钮把隔断放下去。对涉密会议,他事先会对参会人员、工作人员名单进行审查,并对工作人员可否在场、服务人员是否可以进入会场倒水等细节做出明确交代。每次参加会议均自己做记录。

周恩来在中南海西花厅工作和居住了26年,他的办公室同时是一个小型会议室和保密室,除了工作需要,任何人不得随意进入。这间办公室和保险柜的钥匙他一直带在身上,睡觉时压在枕头下,有外出任务时,就将两把钥匙交给邓颖超保管。

1964年10月16日,我国第一颗原子弹爆炸试验获得成功。此前,在一次会议上,周恩来向主管核试验的现场总指挥张爱萍说:"这次试验,全体工程技术人员都要绝对注意保守国家机密,只准参加试验的人员知道,不该说的不要说,希望你们在家里也不要说。张爱萍你要开个紧急会议,研究出几条具体的规定来,从现在起就要搞好保密措施。"

张爱萍于当晚立即组织有关人员研究落实周恩来的指示,还拟定了明密语对照表,联络要用规定的暗语、密码,以防泄密。

核试验前夕,周恩来在紫光阁主持召开重要会议。会议开到一半时,张爱萍站了起来,向周恩来告假,说今晚外交部安排了一个外事活动,自己必须参加,要提前告退。

周恩来应允后,张爱萍便站起身来,刚准备离去,这时,周恩来突然从沙发上站起来,堵住了张爱萍的去路,关切地说:

"爱萍,你带核试验的文件了吗?"

"没有带。"

"再搜一搜。"周恩来仍指指张爱萍的口袋说,"看看里边还有没有纸条。"

最后,张爱萍将自己几个衣兜都翻了过来。

看到连一张纸片都没有之后,周恩来才如释重负地说:"保密无小事啊!你邓大姐她就不知道我们要搞核试验,我从不对她讲。"他特别强调:"邓颖超是老党员、中央委员,但这件事同她的工作没有关系,也就没有必要跟她说。"

邓颖超后来在回忆此事时,也说:"我们之间信守纪律。他不讲,我不问;我不讲,他也不问。他住的房子旁边是我住的房子,隔着一道墙。他的办公室和我的办公室隔着一个大厅,真是隔墙如隔山,有时连声音也几天几夜都听不见。"直到那天晚上,中央人民广播电台播出了我国首次核试验成功的新闻公报,邓颖超才知道此事。

周恩来身患癌症后,有一次对邓颖超说:"我肚子里还装着很多话没有说。"邓颖超回答:"我肚子里也装着很多话没有说。"他们一辈子感情深厚,也知道最后的诀别即将到来,却都把不该对方知道的秘密埋藏在各自心里,因为这是组织纪律的要求。

1969年1月,美国总统尼克松上台执政后,多次通过秘密外交渠道传话,谋求与中国改善关系。最终通过中国人民的老朋友、巴基斯坦总统叶海亚·汗把话先带到了,周恩来立刻答复中方愿意接触。得到答复后,尼克松把打前站的任务交给了国家安全事务助理基辛格博士,并强调要在绝对严守秘密的情况下进行访问。

为了使基辛格访华能在短期内顺利实现,周恩来和基辛格共同操作,采取了两项重要的保密措施:一是周恩来在中美巴三方创造性地建立了一条绝密的"叶海亚联络渠道":即毛泽东、周恩来、中国驻巴大使、巴外交国务秘书、巴驻美大使、基辛格、尼克松,信息往返传递必须严格按此顺序亲自交接;二是由中美双方事先商定基辛格秘密访华的路线和日程。

1971年7月8日,基辛格一行抵达巴基斯坦伊斯兰堡。当晚,巴基斯坦总统叶海亚为基辛格设宴洗尘。席间,基辛格忽然"胃病发作",叶海亚对在场来宾宣布宴会改期,安排他到总统别墅去"休养"一段时间。几个小时后,基辛格乘车离开下榻宾馆。但他并没有被送往别墅,而是于9日凌晨3时秘密登上了早已停候在机场的总统专机,在当天中午到达北京南苑机场。

基辛格访华,对中方来说同样也是"一级机密"。周恩来亲自检查警卫、接待工作和保密措施,做到周到有礼,万无一失。

根据毛泽东和周恩来的指示,中方成立了以叶剑英为首,姬鹏飞、黄华、熊向晖、章文晋等为组员的接待班子。周恩来亲自带领接待人员到钓鱼台国宾馆,选定了靠北面、比较僻静的5号楼作为基辛格的下榻处,楼房重新刷新了,并更换了一些家具和设备。中方接待组就在旁边的4号楼办公,周恩来经常到那里听取汇报。

周恩来还对参加这次工作的所有人员包括翻译、速记、联络、医务、安全、服务、司机等人员都做了严格规定,要求在执行任务期间不准回家,不能与外界联系,每次领导布置工作不能记录只能凭脑子记。

周恩来在钓鱼台国宾馆会见基辛格

基辛格访华期间，还有一个小插曲。当时，中国正处在"文化大革命"时期，北京满大街张贴着"打倒美帝国主义和一切反动派"的大标语。基辛格不懂中文，不明白标语的意思，而由黄华陪同的中国问题专家霍尔德里奇懂中文，看到那些大标语觉得不对劲，就问黄华上面写的是什么。黄华如实用英文告诉了他，这让他心里顿时不自在起来。他哪里知道，这些标语当时早已到处都有，之所以没有拆除抹掉，细心的周恩来请示过毛泽东。因为那么多标语根本来不及全都盖住，而且如果突然盖掉这些标语，老百姓一定会起疑心，到处打听这是怎么回事，也不利于保密。

基辛格在北京逗留了48小时，周恩来与他举行了6次总计17个小时的秘密会谈，之后他又悄悄地离开北京重返巴基斯坦后回国。直到7月15日，中美双方才同时公开发表公告。基辛格秘密访华的消息一经公布，世界为之震动。

后来，基辛格在回忆录中表示对这次秘密访华深感满意，他对周恩来的过人才智、光辉品格、保密精神和保密措施，以及在改善中美关系中所起的特殊作用尤为钦佩。

改革开放篇

(1978年12月—)

在改革开放新时期,党确立了解放思想、实事求是、团结一致向前看的指导方针,领导全国各族人民开始了新的伟大实践。在这一时期,顾全大局、团结守纪的长征精神历久弥新,成为经济建设和改革开放中的制胜法宝。这种精神在各行各业那些优秀的共产党员身上闪闪发光:韩素云支持丈夫守边防、高建成舍身救人战洪水、文花枝关键时刻想到的是别人……更有英雄的集体——舍小家为大家的蒙洼人民、坚守在抗击埃博拉病毒前线的中国医生们!

献了血肉献女儿的"白衣圣人"

在新疆天山与昆仑山的结合部,有一个中国最西端的县,名叫乌恰。这个县的居民大多数是柯尔克孜族。乌恰,是柯尔克孜语"乌鲁克恰提"的简称,意思为大山沟分岔口。这里"种地没有土,放牧没有草,老百姓口袋里没有钱"。由于自然条件恶劣,经济发展缓慢,长期处于贫困状态。

在乌恰,一直流传着这样一首歌:

永远深爱人民,从未亏过心/你是我们生命的保护神/对你,我们感激不尽……

这首歌的歌名叫做《白衣圣人》,歌中所赞颂的那个人,名叫吴登云。

吴登云,乌恰县人民医院院长、县政协原副主席。1963年,23岁的他从扬州医学专科学校毕业,怀着报效祖国的热情,风尘仆仆地来到距家乡5000多公里的西北边陲——乌恰,成为一名医生。从此,他如同一株坚韧的胡杨,扎根在戈壁荒滩,一干就是一辈子。在乌恰人的眼里,为了少数民族地区的医疗事业,吴医生不但献出了自己的血献出了自己的皮肤,还献出了女儿年轻的生命,他就是一个"圣人"。

乌恰县的父老乡亲对吴登云的特殊崇敬,源于那一滴滴殷红的鲜血。

那是1966年冬,吴登云所在的医院收治了一位柯尔克孜族妇女,她患了功能性子宫出血症。因长期贫血,她脸色苍白,双眸无神,步伐飘忽,挪几步就一身虚汗,眼冒金星。年轻的医生吴登云判断,只有输血,才能改善病人的机体功能。

然而,当时贫困大山里的简陋医院只有几间土坯房,哪里会有血库?对于往人身上扎个粗管子抽血输血,更是闻所未闻。

望着即将虚脱的病人,吴登云决定抽自己的血。

当他伸出手臂让护士抽血时,连护士都张大了嘴巴,惊讶不已。就这样,来自汉族医生体内的300毫升鲜血,一滴滴流进了柯尔克孜族妇女的血管。之后,病人的眼睛慢慢散发出了光彩,脸上也有了红晕,她惊喜地说:"我的身上长力气了!"这时,她简直把吴医生看成了神仙,出院后逢人便说发生在自己身上的奇事。

从那时起,吴登云为病人献血就从未间断过。之后的30年中,他无偿献血30余次,累计7000多毫升,相当于一个成年人全身血液的总量。在他的带领下,乌恰医院职工形成了一支无偿献血的队伍,全院职工的血型表就挂在墙上,一旦有危重病人急需要输血,立刻组织血源。

但是,随着年龄的增大,终于有一天,身患高血压、胃病的吴登云有点挺不住了。

一次,一位来自黑孜苇乡的妇女大出血,眼见着病人血压急剧下降,血库的血一时还没送到,情况十分危急。吴登云不顾自己一个月前才献过血,体内红细胞尚未恢复,再次伸出了胳膊。

"再等等吧,血库的血马上就送到了。"护士实在不忍心。

"等不得呀,病人很危险!你先抽200毫升,应应急吧!"

护士拗不过他,只好抽了。献血后,老吴只觉得两腿发软,满身虚汗,走着走着,终于支撑不住,歪倒在路边。

来自波斯坦铁列克乡的维吾尔族牧民买买提,永远不会忘记吴登云医生为他儿子植皮的那件事。

那是1971年12月1日,天气十分寒冷,牧民在居住的毡房或土房里都生着火盆取暖,买买提两岁的儿子在玩耍时不慎扑入火堆,导致全身50%以上的皮肤被烧焦。生命垂危的孩子被紧急送往乌恰县医院。

经过吴登云等医生一连十多天的奋力抢救,孩子终于度过了休克关、感染关。接下来是创面愈合的难关,但此时孩子身上可以用来移植的完好皮肤所剩无几。

吴登云把目光投向了孩子的父亲买买提。

没有一点医学常识的买买提听说要割自己身上的皮,顿时惊恐万状,吓得拔腿就跑。

无奈之下,吴登云只好决定从自己身上取皮。

手术室的护士感到很不理解,坚决反对,拒绝配合。吴登云就自己给自己打麻药,动手从自己腿上一共割下13块拇指大小的皮肤,随后拖着麻醉的双腿走上了手术台,把割下来的皮肤移植到孩子身上。维吾尔族儿童最后终于得救了。

这件事立即被维吾尔族乡亲当作神话广为传扬,而吴登云对牧民的这份情义让许多人感动万分。曾任乌恰县县长的吐木西说:"老吴为乌恰各族人民加了血,加了生命。他这个共产党员,真正做到了与人民血肉相连。"

而吴登云却说:"我献出一点血、一点皮,换来病人的健康和生命,这是天底下最值得做的事!"

1986年10月,吴登云收到一封来自家乡江苏高邮县的信,高邮县政府热情地邀请他回家乡工作。

看到来信,吴登云脑海里顿时浮现出家乡水乡平原的美丽景色,那里芦花放、稻谷香、鱼虾壮,那里有自己无数的美好回忆!多少次,他把对故乡的思念融进远眺雪山的目光,把对亲人的想念融进了对牧民们的关怀。

但是,这个时候,乌恰刚刚经历了一场地震,医院震后重建工作正在艰难起步,乌恰边远农牧区缺医少药的状况没有改变。

吴登云为新疆少数民族老人治病

和家乡相比,乌恰更需要自己!

于是,吴登云决定留下来。他的子女也留了下来。

在吴登云的影响下,他的大儿子吴忠、儿媳李萍、小儿子吴杨晨、女儿吴燕都加入了无偿献血的队伍。

吴燕,是吴登云唯一的女儿,是父亲的掌上明珠。在父亲潜移默化的影响下,在父亲奉献精神的感召下,她也成为县医院的一名"白衣天使"。之后,吴燕经常和父亲"切磋"技艺,父亲手把手的传帮带,使她受益匪浅。她憧憬着自己将来有一天能成为父亲那样的医生。

然而,一切在1997年5月23日那天戛然而止。

那天,吴燕护送一名病危的柯尔克孜族公安民警去乌鲁木齐会诊,在返回乌恰的途中,不幸遭遇车祸,她再也没有睁开那双美丽的眼睛。

噩耗传来,如晴天霹雳,吴登云瘫倒在床。这一天,吴登云水米未进,他两眼放空,嘴里一直不停地喃喃自语:"丫头不见了!丫头不见了!"

人们闻讯赶来,屋里屋外一片哭声。当吴登云透过泪眼看到来人中有医院当班的医护人员时,一下子清醒过来:"你们怎么来了?快回去,还有那么多病人呀,快回去、快回去!"……

第二天,当红着眼的吴登云身着白大褂出现在医院时,所有的医护人员和病员都惊呆了,大家凝视着老院长步履蹒跚的身影,禁不住潸然泪下……

2001年,吴登云从医院的领导岗位上退了下来,大家都以为他会回家乡安享晚年,但他却舍不得走。这里是长眠了女儿的帕米尔高原。"我在这个帕米尔高原上,辛苦了几十年,但我获得了难以用金钱来衡量的宝贵的精神财富。所以,我一点也不后悔。我如果有第二次生命,我还会选择这个第二故乡,还会选择医生这个职业。"

悬崖上的"夫妻学校"

"手抓紧,脚踩实了!""小心,别急!"水流湍急的轰鸣声,伴着一句句彝语的叮嘱。

这里是幽深的大渡河大峡谷,薄雾袅绕,凉气袭人。在蓝天白云的衬托下,对岸突兀的峭壁,以及峭壁上伸出的苍翠虬枝组成一幅美妙山景。就在那光滑的石壁上,五盘天梯垂挂下来,一头用藤条拴挂在乔木根上,另一头拴住地面大石。只见其中一盘天梯上一只小脚丫踩在上面,晃晃悠悠,接着另一只脚也下来了——这是一个瘦弱的小姑娘的身影。她背对着悬崖,一手抓着藤条,一手紧紧抓着一个大人,右脚探好梯子的位置,再把左脚缓缓伸下去。她身后还有16个同伴,大家像猿猴一样依次攀缘而下。

这难道是来探险的哪个旅游团队吗?这么危险的地方怎么能带孩子来玩!——不了解情况的人看到此景一定会这么想。

其实,他们不是在探险,更不是在旅游,这是他们的家常便饭——放学路上!

这里是四川省凉山州甘洛县乌史大桥乡二坪村,这天是周五,二坪村小学放学啦!11岁的彝族小姑娘阿呷卡拉整理好了书包,由老师李桂林牵着送回家。天梯下,陆建芬老师伸手等着接她。

两位老师紧盯着学生的每一个动作,用彝语不断提醒着。四周,层峦叠嶂;脚下,万丈深渊。

李桂林陆建芬夫妇

乌史大桥乡的崇山峻岭、纵横沟壑之间,几乎没有平地,只有大山之上有3个平台:大山的三分之一高处的平台,因有较多的田地,叫做田坪;处在半山腰的就是二坪;接近山顶的地方是三坪。

二坪村,是凉山北部峡谷绝壁上的一个有百户人家的彝族村寨,方圆不到1公里,一面是陡峭的高山,三面是悬崖绝壁,深深的谷底是咆哮的大渡河,凭着五盘天梯与外界相连接。村民们进出村必须攀爬云梯上下绝壁,极为艰难。

就在这样的村寨,有一所小学——二坪村小学,更多的人称它为"悬崖小学""天梯小学",当时有80个彝族学生,其中,像阿呷卡拉小姑娘那样住在半山腰以下、上学放学都要过天梯的学生有17个。他们每周一爬上天梯来到学校,到周五再爬下去,都靠李桂林和陆建芬夫妻接送。寒冬酷暑,春去秋来,从没间断。

1990年,已经停办了10年的二坪村小学准备复课。曾经在雅安汉源县一所小学当过民办教师的李桂林听说后,决定到这里来看看情况。

当他经过近10个小时的艰难跋涉来到二坪村时,即便是早做了"这里很穷"的思想准备,但还是被村民的落后与贫苦惊到了。

这里的穷远远超出他的想象:老人们光着脚,披着脏兮兮的毡子或羊皮,有的破衣烂衫,有的袒胸露乳;七八岁的孩子不论男女,大都赤条条的,到处乱跑;村民住的土坯茅草屋黑暗低矮……当听到一位老乡说到,全村400多人几乎全是文盲,不识字也不会算账,甚至连钱也不认得,下山后简直没法子生存时,李桂林的心被深深地刺痛了。乡干部告诉李桂林,这里原本有个小学,但因缺教师已经断断续续停学10年。

这里太需要文化、太需要老师了!

李桂林后来说:"当时来到这里看到那个场景,心里感到很悲凉,都快要进入21世纪了,我们的同胞居然还如此贫穷落后!在强烈的同情心和民族责任感的驱使下,我坚定了扎根二坪搞教育的决心。"

李桂林，四川省汉源县人，自己也是彝族。从二坪村回来后，他立即做出了一个重要决定——上"悬崖小学"当老师。

　　他的父亲得知后，十分生气也很担心："早听说那边很穷，路上很危险，你不要命了吗？不打算管这个家了吗？"

　　李桂林只好欺骗老父亲："我去过那里，还可以，不是你想象的那样。我先去试试，如果真不好就回来。"谁知这一试，就是20多年。

　　有老师愿意来教学！这个消息让二坪村的村民欢天喜地，高兴得像过火把节那样。他们纷纷到半山腰去迎接李桂林，还宰杀了老母鸡来招待他，听他讲述山外边的世界。一个个期盼渴求的眼神让李桂林十分感动。

　　二坪村小学终于要开学啦！周围的人家都把孩子送了过来。由于多年停课，来上课的孩子多，李桂林一个人忙不过来。而要想再找一个老师比登天还难。李桂林想到了同样是彝族人的妻子陆建芬。于是，夫妻俩想方设法说服了双方父母，带着两个儿子上了悬崖。

　　二坪村终于又响起了朗朗的读书声。

　　20多年来，在那样极度危险、恶劣的环境下，由于李桂林夫妇的一路接送，二坪村小学从没有发生过一起安全事故。但是，他们自己却没那么幸运。

　　一次，李桂林在爬天梯时，藤条突然断了，他一脚踏空，掉了下去，幸好被悬崖几米外的灌木挡住了，才捡回了一条性命。还有一次，李桂林下山开会，回来时天色已晚，由于第二天还要上课，他一咬牙摸黑爬上了天梯。刚一爬上去，腿突然抽筋，便摔倒在地。他只好就地在崖脚下过夜。第二天一早，又急忙攀上悬崖赶去上课。有一次，陆建芬生病了，丈夫在上课，两个孩子饿得直哭，当妈妈的只好让7岁的哥哥背着弟弟到村民家找吃的。还有一次，他们的小儿子不慎摔倒，手臂骨折，因路途遥远耽误了医治而留下了后遗症。

学生们的上学之路

老师的辛苦,孩子们都看在眼里,阿呷卡拉小姑娘发誓说:"长大了,我要给学校装个电梯,不用爬天梯就能上学。就是不知道城里的电梯什么样。"

1996年,他们带的第一届学生终于毕业了,而且毕业成绩在全县同类学校中名列前茅。那一刻,李桂林夫妇觉得他们的所有付出都是值得的,感觉比什么都要快乐。20多年来,他们把一批又一批的彝族孩子送出了大山,让二坪这个悬崖上的彝寨终于摘掉了"文盲村"的帽子。

李桂林和陆建芬夫妇全身心投入山区教育事业的事迹,感动了当地广大干部群众,也感动了全国人民。很多热心人打来电话,寄来书籍、物资、钱款,有的还不顾山高路险赶来探望慰问。在政府的投入和社会各界的关心下,山上的条件开始变得越来越好:悬崖上的藤木梯子修成了结实的铁梯,还装上了钢筋护栏;社会捐资修建的新校舍、操场也投入了使用;农村电网改造,二坪村终于用上了电灯;通村公路修到了学校。

"我们夫妇只是做了一个教师应该做的一切。贫困山区要想改变落后的面貌,必须靠教育。我现在担心的是,我们之后,后继无人。"面对赞誉,李桂林朴实的话语重重地敲在人们的心上,"如果没有接班人,只要我爬得动,就要在悬崖上教孩子们……"

朴素如云的爱

1992年春天,山东省汶上县南旺镇十里闸东村倪家的12亩责任田里,麦苗长势喜人,微风吹来,绿油油的麦浪随风起伏。

一天上午,田间走来一个梳着朴素马尾辫的年轻妇女,她背上背着篮筐,肩上扛着锹铲,手里牵着一个三四岁大的孩子,步履蹒跚,慢慢挪了过来——这是倪家二媳妇韩素云带着她的女儿难难,来到自家田里,打算在麦子间套种棉花。

站在田边,韩素云眯着双眼,张望了一下地里的庄稼,秀气的眼角堆起几道细纹。这时的她脸色苍白还透着青黄,眉头微蹙,稍厚的双唇紧闭,看上去很是疲惫。今天,她感觉双腿仿佛灌了铅似的,很是沉重。

前两年,韩素云有时觉得自己的大腿像针扎一样疼痛,两条腿不能打弯,有时想蹲蹲不下去,蹲下去后想站又站不起来。最近,疼痛好像一天比一天厉害,有时晚上痛得睡不着觉,两条腿好像不是自己的,不听使唤,也不知道得了什么病。她打算忙过这阵子,悄悄到镇上找个大夫给瞧瞧。自己可不能倒下,家里老老小小都指望着呢。

韩素云一边下到田里,一边细声细语地

韩素云

叮嘱女儿别摔着,一边随手摘了几片麦叶塞到女儿小手里,让她当玩具玩,嘴里哄着孩子:"难难乖啊,别乱跑,当心摔跤!妈妈干完活带你去玩啊!"

见女儿乖巧地应声,玩得专心,韩素云连忙开始翻土植株。干着干着,她觉得不对劲,两条腿像木头一样,一步也迈不开,站也站不住,突然,哗啦一下重重地倒在麦田里,压倒了一大片麦苗。女儿见状吓得哇哇大哭起来。

韩素云病倒了,倪家像塌了天。

此时的韩素云还不满30岁。她是山东省梁山县韩垓乡马店村人,初中毕业后回家务农。21岁的时候,经人介绍,她和离家15里之外的十里闸东村倪家二儿子倪效武订了婚。

1983年冬天,广西边防部队到山东征兵。高中毕业后在家务农的倪效武积极响应,报名参军,但是家里的困难又让他犹豫不决。

当时,倪家祖孙三代9口人,哥哥在100多里外的矿上做工很少回家,嫂子身体虚弱干不了重活。倪效武是家中唯一的劳力。他要是一走,家中剩下的是体弱多病的父母、瘫痪在床的奶奶、有眼疾的弟弟、两个上小学的妹妹,还有无人耕种的12亩责任田。

见倪效武迟疑,韩素云便不断鼓励他:"你走吧,家里有我呢!"在韩素云心目中,参军十分光荣。

于是,倪效武参军到了广西法卡山边防前线,可心里还一直惦记着家里。

见未婚夫不安心,韩素云担心他影响工作,赶紧去信说:

你能在英雄部队当兵,是你的福分,我也光荣。你要像英雄那样干出个样子来。家里的事你不要操心,有我顶着!

眼见着倪家一大家老的老,小的小,病的病,残的残,家务农活几乎无人料理,韩素云心里很难过,她思前想后,一咬牙决定搬到倪家去住。

还没结婚的姑娘就住到婆家去,这在当时可是惊世骇俗之举。

对女儿的这一决定,韩素云的爸妈很是吃惊,说什么也不同意:"你不怕丑,俺们还怕呢!人家会戳脊梁骨,唾沫星都会淹死人哩!没过门的闺女就住到婆家,俺们祖祖辈辈还没有过这事!"

韩素云将心比心,耐心开导父母,说:"他们家实在太难了。我既然已经和效武定了亲,早一天到他家,就叫效武早省一天心。身正不怕影斜,我行得正,坐得端,别人爱说啥就说啥去吧!"

她父母都是通情达理的善良人,虽然心里还有点疙瘩,但最终还是被女儿说服了。

就这样,新年一开春,韩素云就用一辆自行车驮着自己简单的行李,搬到了十里闸东村,担负起未婚夫的家庭重担。

屋外春寒料峭,韩素云天没亮就起床,煮好三碗热腾腾的浓汤,端到倪家奶奶和父母的床前。3个老人根本没有想到这未过门的媳妇,会主动住进来。他们望着韩素云清秀的面庞,激动得泪流满面。

全家人的希望就是那12亩责任田。春种秋收,韩素云常常起早贪黑,带上干粮,在棉田麦地里一干就是一天。旱季给庄稼浇水,夏季给庄稼打药,肩膀被担子压肿了,还被农药毒晕过去,但韩素云从没误过农时。她的辛苦劳作换来了粮棉的高产量。不仅保证了全家人的口粮,还每年按时上交公粮,就连政府规定军属可免交的190斤小麦和50斤皮棉,她也如数上交。

农田的事完成后,韩素云又盘算着要给倪家盖上几间新房。于是,她想尽办法赚钱。每当农闲时,她就和几个姐妹做点小生意,拉着板车,挨家挨户地收购玉米、大豆,推销草帽、槐米。

就这样,韩素云住在倪家的几年里,没有给自己买过一件像样的衣服,她把赚来的钱一分一毛地积攒起来,还清了几个病人的医药费后,还剩下4000多元,全部用来购买建房材料。

村里人听说倪家这个没过门的媳妇要给婆家盖新房,都纷纷来帮忙。在乡亲们的帮助下,两间新瓦房终于盖了起来,还在院子里打了一眼机井。

有韩素云在家操持家事,倪效武十分欣慰。1985年,他考上了军校,毕业后当上了排长,评上了先进。

1988年2月,韩素云和倪效武正式办了婚事。

第二年5月,韩素云生下了女儿。孩子还没满月,地里的小麦就要收割了。韩素云实在待不住了,索性抱着孩子下了地。她把孩子放到地头的树荫下,自己则忙着挥镰收割。等她跑回来看孩子时,孩子已哭哑了嗓子……女儿还在襁褓中就跟着自己受苦,做母亲的心里不好受,她给女儿起了个小名儿——难难。

就在生下孩子的这年夏天,韩素云感到大腿隐隐作痛。开始,她以为是累的,没当回事儿。实在疼厉害了,就到村卫生所要些止痛片来吃,之后照样什么活都干,直到那天倒在地里没法动弹。

倪效武得知后,立即带着妻子到部队医院检查,结果被确诊为股骨头缺血性坏死症。医生说:"她这种病,主要原因是劳累过度和营养不良,造成怀孕期间内分泌紊乱引起的。"

为了给韩素云治病,家里又欠了债。正当韩素云有些丧失信心的时候,军营和社会向她伸出了温暖的手。1993年年底,倪效武所在的教导队官兵自发组织了一个捐款活动,她的事迹被《广西日报》《羊城晚报》刊登。无数人被韩素云这位边防军人的妻子自强自立的坚强意志、为国为军的奉献精神深深打动,捐款、慰问纷至沓来。不少医院也表示愿意提供无偿医疗。在医生的精心治疗下,韩素云病情有明显好转。

对此,韩素云很感激,也很不安,她觉得自己没做出什么惊天动地的功绩,何德何能拥有这般回报。其实,她不知道,正是她的朴实之举,折射出她心中的那份爱,那么朴素、那么无私、那么忠诚、那么感天动地。

一颗在洪水中闪光的灵魂

1998年8月1日夜,武汉某高炮团家属区宿舍楼里。

这些天总是下雨,天气潮湿闷热。鲁蓓好容易才将4岁的女儿哄睡,自己却望着漆黑一片的窗外辗转难眠,她已经3天没得到丈夫高建成的任何消息了。今天是八一建军节,还没有向作为军人的丈夫道一声节日快乐呢。

高建成,武汉空军高炮五团二二五营一连指导员,1965年10月出生在湖南湘阴县南湖洲镇一个农民家庭,1984年9月入桂林空军学院读书,毕业后被分配到武汉空军高炮五团,上尉军衔。

1998年入夏以来,我国大部地区普降大暴雨和特大暴雨,大江大河以及湖泊的水位暴涨,许多地方受灾严重,尤其是长江流域,更是发生了特大洪水。

7月27日,高建成所在的高炮团接到上级命令,奔赴湖北咸宁地区执行长江干堤抢险护堤任务。出发前,高建成给妈妈写了一封信。在信中,他憧憬着将来能为辛苦了一辈子的妈妈尽尽孝心:

妈,我马上就要带兵执行抗洪抢险任务了,现在家里置了新房,等我抗洪胜利回部队后,便利用休假的机会接您老人家来住,让您老人家和我们一起生活,享受晚年幸福。

他拥抱了妻子,亲了亲女儿,便奔赴湖北咸宁市嘉鱼县抗洪前线。

就在鲁蓓迷迷糊糊半梦半醒之际,忽听得"蓓蓓！小蓓!"似乎有人在喊她的小名儿,那是她熟悉的丈夫的声音！

鲁蓓心中一阵惊喜:"今天听广播说,长江的水位降下去了一些,没想到建成果然回来了。"

她立即从床上跳了起来,冲到窗户边朝下一看,只见寂寞的路灯下空荡荡的,一个人影也没有。突然,一阵强烈的不安袭上心来。"可能是因为太想他了吧。"鲁蓓不敢往坏处想。

几乎是与此同时,高建成正在长江边的簰洲湾与洪水搏斗,奋力救助战友。

这些天,高建成不顾身体不适,一直身先士卒战斗在邱家湾抗洪第一线。

8月1日这天,他和他的战友们在块石、编织袋、砂土、芦席的相伴下,在泥泞湿滑的堤坝上度过了一个特殊的建军节。

当晚,高建成和连里的战士们吃过晚饭,像往常一样召开例会,总结当天的工作,安排第二天要完成的任务,并向战士们一一交代要注意的事项。

突然,一阵急促的电话铃声打断了他的讲话,电话中传来上级命令:簰洲湾中堡村的堤垸发生严重管涌,部队火速赶赴抢险。

接到命令,168名官兵行动迅速,3分钟后就乘上5部大型牵引车,向簰洲湾险堤方向急驶而去。

簰洲湾地处嘉鱼县北部,距武汉市50公里,毗邻长江。

一路奔腾东去的滚滚长江,来到湖北嘉鱼县境内时,突然拐了一道大湾,形成41.5公里长的"C"形环绕,然后直奔武汉而去。从地图上看去,就像是往大地倏地伸进了一个拳头。这便是"万里长江第一湾"——簰洲湾。这里的镇子居住着5万多名群众。古话说"簰洲弯一弯,武汉水降三尺三",簰洲湾就是武汉长江防洪的天然屏障。

夜晚,无星无月,天地一片漆黑。前去抢险的车队正行驶在通往簰洲湾的路上,只有开着的车灯,照着前方的路。越往前开,路面上的水越多,车队两旁都是成群结队向后撤退的老百姓。

8时30分,当牵引车队距簰洲湾堤坝只有短短150米左右时,突然,轰的一声巨响,只见一排巨浪裹挟着泥沙仿佛从天而降,排山倒海般汹涌席卷而来!

"不好,大堤决口了!"

大型牵引车顿时被冲撞得东摇西晃,情况十分危急。

"不要慌!快解背包带,把车连在一起!"

"快,全体人员立即脱掉迷彩服,结衣成绳,拉掉篷布,砸碎玻璃,爬上车顶!"

"不要慌,有我和连长在,一定带大家冲出去!"高建成向战士们高喊着。

当时,高建成他们连仅有的15件救生衣,穿在15名突击队员的身上,而全连有66名队员,还有几个战士根本不会游泳。

突击队员纷纷将自己的救生衣脱下穿在不会游泳的战友身上。高建成则带领战士迅速解下背包带,将自己的车与前面连长黄顺华带队的车连在一起。

在洪水的冲击下,牵引车开始倾斜,高建成立即命令车上的战士拽着背包带,迅速转移到连长的车上。当高建成最后一个离开后,他们的车即被洪水吞没。

此时,借着车灯灯光,连长看高建成脸色发青,知道他几天来一直在生病,身体虚弱,不由分说将一件救生衣套在他身上。

这时,高建成一扭头,看见身旁不会游泳的新兵赵文源正紧张得脸色苍白,不知所措,便一把脱下救生衣套在小赵身上,然后叫过来一个会游泳的班长吩咐道:"快带他上到树上去!"

1998年抗击洪水的人民军队

滔滔激流中,高建成和黄顺华带领战士们纷纷向树上转移。

突然,一阵浊浪涌来,高建成和战士们都被掀入激流之中。

高建成是在家乡资江边长大的孩子,从小水性很好。他在湍急的洪水中奋力游着。考虑到水中可能还有战友和群众,他顾不上多日的劳累和病痛,边游边大声喊:"水中有人吗?"

突然,黑暗中响起一个微弱的声音:"我是一连的刘楠。"

高建成闻声寻去,安慰道:"我是指导员,别慌,跟我来!"然后抓住刘楠的胳膊,拖着游向树丛。此时的刘楠已全身无力,怎么也无法爬到树上。

"一定要顶住!"高建成喘着粗气鼓励着。

正说着,一个浪头打来,高建成借势用肩膀把刘楠顶到了树上。

"救救我!"夜色中又传来急促的呼救声,十三班战士何董华正在下沉。

高建成再次循声游去,一把抓住小何的手,另一只手拼尽全力地划动着,终于游到了一棵树旁,猛力一推,小何就势抓住了树枝。

当小何回过头寻找高建成时,只看见他的头和手在水面上露了一下,便被洪流裹挟而去,没了踪影。小何拼命呼喊:"指导员!指导员!"回答他的只有黑暗中咆哮的洪水声。

筋疲力尽的高建成被洪水冲走了,不幸被冲到一根带电的高压线上……

直到 8 月 3 日中午时分,在距堤坝决口 3 公里处,人们找到了高建成的遗体。只见他保持着右手向前托着、左手向上高举的姿势,但是,他再也站不起来了……为了抗洪,为了战友,高建成献出了自己 33 岁的宝贵生命。

8 月 12 日,中央军委授予他"抗洪英雄"光荣称号。

高建成的家人说:"建成打小水性就好,他真是从水里来,又回到水里去了。"

那张褪色的军用吊床

丁晓兵,武警部队广西总队政委,武警少将军衔,战斗英雄。1984年10月,19岁的他在边境一次执行军事任务过程中失去右臂,荣立一等功。

如今,丁晓兵的生活早已远离战火硝烟,但在和平时期,有着另一种严峻的考验。

在丁晓兵珍藏的军旅纪念品中,有一张军绿色的军用吊床,已经陈旧褪色,帆布部分也被磨得发白,长年的使用造成了多处破损。就是这张看上去普通得不能再普通的吊床,陪伴丁晓兵多年,就像他生死与共的老战友,让他格外珍视。在空闲时间,他就会静静地躺在上面,轻轻地摇着,让思绪信马由缰,想着自己一路走来的军旅生涯,想着长眠在南疆的战友,想着战场火线入党时的誓言。

当年一个同样在南疆战场上荣立一等功的一级战斗英雄,后来在领导岗位上经不起利欲的诱惑,涉嫌受贿、巨额财产来源不明而受到审判。这件事让丁晓兵甚为痛心。

为什么生死关都过了,却过不了利益关?为什么面对诱惑,就把党纪军纪抛在了脑后?

每当躺在军用吊床上,丁晓兵都要深入思考这个问题。

用左手敬礼的丁晓兵

作为一名军人、一名共产党员,丁晓兵把党的形象看作自己的第二生命。他是死过一次的人,所以更加珍惜生命;他珍惜生命,所以更加珍惜党的形象,处处严于律己,严守党纪、军纪。

2003年,丁晓兵当上团政委后,权力大了,面临的考验也更多了,但他用权有个"三不怕":不怕别人说无情,不怕别人说没用,不怕别人说没钱。

有一次,丁晓兵的老上级、好朋友王克印找到丁晓兵:"晓兵,我有一个朋友是做房地产生意的,有一个楼盘即将开盘。他们知道你是个大名鼎鼎的战斗英雄,想要你这么一个英雄出面,帮他在这个开盘的时候呢,出出场、帮讲讲话,提高提高知名度。他知道我俩关系好,就叫我帮着介绍下。你看怎么样?"

丁晓兵一听,说:哎呀,老首长,这个事情是不行的。

王克印不以为然:"这有什么要紧的?人家到时候优惠一套房子给你住住弄弄,你如果不住呢,现在出出手,一出手可以赚点钱。你过去很困难是我知道的。"

丁晓兵笑着说:"谢谢老首长,真的不行。"

后来,王克印说:"结果,我搞得很尴尬,我和那个老板真的不好交代了。"

关于这件事,有记者在采访丁晓兵时,记下了如下对话。

记者:"不可以变通吗?"

丁晓兵:"不行,我要在电视面前替他说话的。老百姓会看,这个英雄怎么现在也做生意。"

记者:"当然是因为你的效应,人家才愿意出这个钱,对你到底有什么损害呢?"

丁晓兵:"那损害大了。老百姓会产生很多的猜测,会产生怀疑,有损党的形象,有损部队的形象,也有损我自己的形象,这种事不能干!"

丁晓兵的父亲是安徽合肥钢铁公司退休职工,母亲的单位早已倒闭,没有收入和保险,年老多病。丁晓兵的弟弟和弟媳都因企业不景气而下岗,在老家靠贩卖蔬菜维持生活。一次,老母亲带着弟弟千里迢迢来部队找丁晓兵,弟弟说:"现在在老家生意不好做,孩子上学、老人治病都得用钱,你现在是团政委了,你们生活服务中心反正要买蔬菜和副食品的,把这生意给我做吧,我保证价格比别人便宜。"

面对从来没有对自己提出过要求的家里人,丁晓兵还是选择了拒绝。

弟弟没想到哥哥会拒绝他,就很惊诧地问:"为什么啊?"

"不为什么,因为你是我弟弟。"面对弟弟乞求的目光,丁晓兵心里非常愧疚。他耐心地解释说:"家里的难处我知道,可是部队姓党不姓丁,我不能用党给的权力为自家谋私利,我不能缺了胳膊再缺人格呀!家里经济困难我用工资接济,你还是回去吧。"

丁晓兵自己后来提到此事,感慨地说:"这个事我也没办法。我老母亲非常体谅我,后来老母亲讲了一句话,跟我弟弟讲:'你别为难你哥哥了。我们一家人,都希望你哥哥做个好官。'那天老母亲走的时候,我和我的家属都哭了,那个月的工资,我们两个人的工资全部拿去给我老母亲……到现在为止,我就觉得在这个事情上,我真是对他们有愧疚感,但是再碰到这样的事,我还会这样做。"

有人觉得丁晓兵死脑筋,说:"你也真是的!如果给你弟办这个事又会怎么样呢?只要严格保证质量,价格合理不就行了?"

丁晓兵坦然回答:"我是可以叫他这么做,但是我不可以给我全团的每一个官兵做这样的解释,官兵会怎么看?我这样做了,其他领导能不能这样做?我手里有权力,其他领导手里也有权利,他们可不可以这样做?如果全团的每一级干部都这样做,这还是部队吗?

"现实生活中,我们常常被什么亲情、友情、战友情等关口搞得很累,甚至能把人搞得晕晕乎乎。有些事情在处理时心里还是蛮苦的。但是没办法,你在这里为官,就必须得这样搞,家且未正,焉能正人呢?"

丁晓兵的不讲情面在部队是出了名的,但是,他的公正更是有口皆碑的。

他下连蹲点、检查工作,绝不允许摆放香烟水果搞特殊;团里谁要是敢给他送礼,他决不给情面。他还立下规矩,凡考学、提干等关系着官兵切身利益的事都在全团公开进行。

2004年,上级给丁晓兵他们团一个士兵提干名额。消息传出来后,一些人纷纷开始托人情、找关系。

在团党委会上,丁晓兵掷地有声地发表自己的看法:"选干部苗子公不公,不仅关系到党的形象,也关系到部队的长远发展,我们一定要把最优秀的选出来。"

于是,团里把研究士兵提干的党委会搬到训练场,让全团官兵监督,现场打分,现场公布考核结果。全团层层推荐的4名班长骨干参加了竞争。经过军事理论、文化知识、军事技能、现场答辩等多项考核后,团党委现场作出决定,将综合素质最好、有发展潜力的一名班长直接提干。

对此,全团官兵无不拍手叫好。

"战时敢舍身,平时能忘我,从逆境中挣扎启程,在顺境中保持清醒。"那张褪色的军用吊床让他时刻警醒着。这就是丁晓兵,一个用左手敬军礼的军人。即便只有一条臂膀,他也是沙场上和生活中的真的勇士。

维吾尔族村支书"一碗茶水端得平"

一碗茶水端得平,两个肩膀闲不住。三十多年的老支书,村民离不开的顶梁柱。你是伊犁河上筑起的拦河坝,是戈壁滩上引来的天山水,给村民温暖,带大家致富。木卡姆唱了再唱,冬不拉弹了再弹,买买提江·吾买尔的故事说不完。

这是在2016年2月14日晚举行的"感动中国——2015年度人物颁奖晚会"上的一段颁奖词,获奖人是新疆伊宁县布力开村村支书买买提江·吾买尔。

布力开村,位于新疆西北端伊宁县温亚尔乡,是一个靠近中哈边境的多民族村庄,由维吾尔、回、东乡、汉、哈萨克5个民族组成,村子不小,有6个村民小组,近1500户6000人。

近年来,布力开村的各族群众和睦相处,没有红过脸,更没有出现过不团结现象,真正形成了民族融洽和谐的良好局面。

如果外人到了布力开村,想问路的话,维吾尔族的小巴郎就会很有礼貌地上前指引;而当维吾尔族大婶热情地向邻家的汉族孩子送上几个自家种的甜杏,汉族孩子也会仰着可爱的小脸,说一声"热合买提"

买买提江·吾买尔和回族村民

表示感谢……在这里,不论是哪个民族,不论老人还是儿童,几乎每个人都既会说汉语也会说维吾尔语,见了面,都会用对方的民族语言简单地问好。

在遥远的新疆边陲,一个多民族村庄能这样祥和,他们的带头人功不可没。

买买提江·吾买尔是布里开村村支书,维吾尔族。自幼父亲过世、母亲改嫁,他是吃着村里各族人家的百家饭长大的,对村里的乡亲有着浓浓的感情。他常说:"我们村的各族人民都是我的亲戚,同胞手足。"

从1981年开始,买买提江·吾买尔担任了村支书,一干就是21年。2001年,50岁的他因生病做了两次手术,便离开了村支书的岗位。

2003年,村里开始出现一些倒退的现象:村干部闹不团结、软弱涣散;村里账目混乱,土地被非法占用,村民经常上访。这些导致布力开村在2006年被县里列为集中整治重点村,买买提江·吾买尔得知后心里很不好受。

在广大村民的要求下,温亚尔乡党委书记找到买买提江·吾买尔,希望他重新出山。买买提江·吾买尔的家人都劝他别接手这个烂摊子,但是为了改变家乡的落后面貌,他别无选择。他表示:"我这个年纪组织上还让挑重担,是一件多么光荣的事,我决不能当逃兵。"

经过挨家入户的走访,逐个谈心,买买提江·吾买尔摸清了村里的情况。之后,他召集党员和农民代表开会,选出调查小组,查清了账目和土地占用情况,将调查结果向村民做了公布,并请伊宁县纪检委、农经局、乡党委,党员以及农民代表公开监督处理结果。

有些村民对买买提江·吾买尔说:"买书记,占用土地的人中有你的朋友,还有你的亲戚,你处理他们能下得了手吗?"

他当即回答:"我为的就是老百姓的利益,为的就是广大群众的利益,做事一碗茶水端得平,不管是谁,干违法的事情我都决不容他。"

"只有民族团结经济才能发展。"这是买买提江·吾买尔常挂在嘴边的话。

在他看来,"各民族都是一家人,在布力开村没有民族之分,大家都是一样的。新疆有句谚语说得好:各民族要像石榴籽一样紧紧地团结在一起!只有各民族团结了,布力开村的明天才更加辉煌,更加灿烂"。

在布力开村将近6000村民里,维吾尔族占56%,回族占22%,东乡族占11%,汉族占8%,哈萨克族占3%,维吾尔族人数最多,全村还有被判过刑者33人,维护民族团结和社会稳定的任务十分艰巨。

2009年乌鲁木齐发生"七五"事件,境外分裂势力暗中煽动新疆宗教狂热分子,挑拨民族关系,策动暴恐分子袭击无辜平民,扰乱社会秩序。买买提江·吾买尔也遭到恐吓,但他毫不畏惧,带着党员、民兵,几天几夜守护在汉族村民的家门口,每天购买日用品送到他们家中,保证他们的人身安全。

受到事件的影响,村里一些不明真相的年轻人开始参加一些非法的宗教活动,有些人出现宗教极端思想和分裂民族的言论。买买提江·吾买尔密切关注他们的动态,迅速采取措施,加强思想教育,把问题解决在萌芽状态。

如果说布力开村是一个大家庭,那么买买提江·吾买尔就是这个家的家长,对所有的村民,不管什么民族,都像对待自家孩子一样一视同仁,并在同等条件下优先照顾人口少的民族。在他的影响下,村里各族村民相互帮助,相互扶持,共同进步。

村里有一个回族村民叫马玉林,刚开始在家养了几十只鸡。

一次,买买提江·吾买尔对他建议说:"你可以让养鸡场扩大一下嘛!"

"可以啊,但是没地方。"马玉林有点苦恼。

买买提江·吾买尔听后,立即回去召集村党支部开会研究,给马玉林划了一块宅基地,让他扩大养殖规模。

后来,马玉林养鸡越来越多,宅基地也不够用了。买买提江·吾买尔又找到他,关心地问:"你的养鸡场规模越来越大,搞机械化养殖不行吗?"

马玉林说:"我只听说过,但是没见过啊。"

后来,买买提江·吾买尔带着马玉林一起去参观了外地的养鸡场。参观回来,马玉林当时就订购了机械化的设备。村里还把一块废弃地承包给他用以发展养殖事业。

如今,马玉林的养鸡场规模已经达到了14万只,村里有28个人跟着他干,日子越过越好。

先富起来的马玉林没有忘记其他的贫困乡亲。当得知哈萨克族村民铁力瓦勒地家的房屋被暴风雪摧毁后,马玉林立刻热情邀请铁力瓦勒地一家搬到自己家中,还出资帮助他维修房屋,令铁力瓦勒地感动万分。

有一次,天下起了大雪,汉族村民王建胜家堆放玉米的屋棚被大雪压倒,玉米也撒了一地,王建胜又心疼又发愁。雪停之后,邻居们见状,都纷纷赶来帮忙,大家铲的铲、装的装。没多久,撒在地上的玉米就被清理得干干净净。天晴后,邻居们还帮着重新搭建了屋棚。

王建胜一家对邻居千恩万谢,邻居库尔江说:"说谢字就见外了。平时大家相处就像一家人一样,谁家没点事情呢?举手之劳而已,一家人就应该一起渡过难关。"

为了让不同民族的村民可以友好交流,买买提江·吾买尔带头学习汉语,在布力开村开办了"双语"幼儿园、中青年农民"双语"技能培训班,鼓励各民族互相学习、共同进步。村委会还设立了阅览室和老年活动室,修建了篮球场、排球场。"村民们农闲时,都会在这里看书学习、休闲运动。村里还常常举办篮球赛,参加的年轻人很多,这也是大家增进交流的机会。"

买买提江·吾买尔说:"一匹马扬不起尘土,一个人成不了英雄。一个人再有能力也是有限的。党员是党支部的手指头,没有他们,党支部就攥不起拳头。只有全体党员的作用都发挥了,那力量才是无穷的。"

　　如今,布力开村一派欣欣向荣:一望无际的良田、成片的果园,不时有村民开着小轿车在宽阔的柏油路上奔驰……布力开村在买买提江·吾买尔的带领下,已成为全国新农村建设示范点,在民族团结的大道上奋勇向前。

犹有花枝俏

　　2006年初秋,湖南湘潭大学的校园里,在那香樟树组成的林荫道上,经常可以看见一群女大学生有说有笑,鸽子一般地从一幢教学楼飞向另一幢教学楼。这群女孩儿是旅游管理专业的大一新生,她们的中心是一个二十四五岁的姑娘。只见她清爽的短发别在耳后,圆圆的脸庞,忽闪着一双星星般明亮的大眼睛,每当笑起来,大眼睛就立即弯成一对美丽的月牙儿,整个人都散发出光彩,像是一朵鲜花在绽放。她银铃般的笑声极富感染力,常常引得行人也情不自禁嘴角上扬。

　　谁也看不出,这么一个活泼爱笑的姑娘,此时左大腿残断处的皮肉被假肢摩擦得红肿起来,每走一步路就会疼一下。她叫文花枝——一个和她十分相配的美丽的名字。

　　这个青春靓丽的女大学生怎么会是个残疾人呢?事情还得从一年前的一场车祸说起。

　　2005年8月28日,在陕西省洛川县境内的210国道上,一辆西安旅游集团的中巴车正在平稳地行驶着。车上的乘客是来自湖南的一个旅游团队,正赶往延安游览。带队导游就是23岁的文花枝。

　　文花枝出生于湖南韶山大坪乡一个普通农民家庭,家里有爸爸妈妈一弟一妹。作为家中的老大,花枝只读了中专,一毕业就到一家酒店打工,把挣到的工资除了留下一点可怜的生活费外,全部寄回家供弟妹上学。2003年,她来到湖南湘潭新天地旅行社,成为一名导游。凭着活泼爱笑的阳光个性、真诚热情的服务,她得到了游客们的喜爱。

这次,她带着一个28人的旅游团赴延安参观游览。

下午2点半左右,刚刚吃过午饭的游客正在车上昏昏欲睡,谁也没有想到,就在一个急转弯处,对面一辆严重超载的运煤大货车由于下雨路滑,在超速超车时突然改道,以极快的速度迎面撞了过来。转瞬间,灾难降临……

巨大的撞击力,使旅游中巴车退后30多米,然后冲过路沟,停在路边的土地上,而大货车车头直接撞进中巴车内部。中巴车严重变形,车厢座位全部向前挤去,所有乘客都被夹在座位中间。游客中6人当场罹难,15人重伤,7人轻伤,车厢里,一片血肉模糊,乱作一团,充满了凄惨的呻吟声、哭喊声、求救声。

就在一片恐慌的时候,从车的前方传来一个微弱的声音:"大家一定要挺住,救援人员很快就要到了!大家不要慌,坚持住,我们一定要活着出去!"

这个声音那么沉稳、坚定,像一束阳光穿透黑暗,给了受伤、受惊的游客支撑下去的勇气,让大家在死亡的恐惧中看到生的希望。

这个声音来自导游文花枝。

车祸发生时,文花枝所坐的位置为中巴车靠门一侧的第一排,而大货车撞击后,前部进入中巴车1.2米处,把文花枝的双腿牢牢卡住。当文花枝从昏迷中苏醒过来时,腿已经横在自己面前,剧痛让她浑身颤抖。

几分钟后,洛川县交警赶到现场展开救援。交警决定按照伤势由重到轻进行抢救,而就在要救治坐在前排一位伤势较重的女孩时,却意外遭到拒绝:"我是导游,我没事,请先救游客!"

在这场重大交通事故中,文花枝的确是伤得最重的一个,但重伤的她一直牢记着自己的神圣职责。当施救人员一次次向她走过来,她总是吃力地摇摇头。

在长达两个多小时的救援时间里,她多次昏迷,但只要一醒过来,就不停地为大家鼓劲、加油。

当文花枝最后一个被救出来时,已经是下午4点多了。她左腿9处骨折,右腿大腿骨折,髋骨3处骨折,右胸4根肋骨骨折。因伤情危急,随时都有生命危险,文花枝连夜被转送到西安市西京医院。

这时,一个残酷的现实摆在这个23岁的女孩面前——由于被压时间过长,文花枝左腿伤口已经严重感染,部分组织坏死,医生不得不将她的左腿截肢。

手术进行了9个半小时才结束,所有的医生都为这个美丽的姑娘感到惋惜。主治医生遗憾地说:"太可惜了,若早点做清创处理,不耽误宝贵的抢救时间,她这条腿是能够保住的。"

文花枝从昏迷中慢慢苏醒。因为身上多处受伤,整个人被包扎得像个大粽子,此时的她只能仰卧在床上,看不到自己的腿,而且截肢病人常会产生"幻肢"的错觉,她并不知道自己的左腿已经没有了。赶来陪伴、看望她的父母和单位的领导,谁都不敢也不忍心告诉她真相,谁都不知道一个年轻漂亮的姑娘能不能经受住这个残酷打击。

担任奥运火炬手的文花枝

13天过去了,家人几经商量,还是决定将真相告诉文花枝。当文花枝从泪流满面的母亲手里接过CT片后,她足足看了三分钟,然后,捂着脸哭了。良久,她揉揉眼,轻声安慰大家:"没事的,我没事!"

随着时间一天天过去,文花枝的伤情逐渐好了起来,能拄着拐杖慢慢走几步路了。

"你怎么那么傻啊?"在守护女儿的日子里,父亲忍不住"责备"女儿。

"爸,我只做了自己应该做的,

我不后悔!"

　　在文花枝的事迹被报道后,许多素不相识的人给她捐款,还通过电话、信件以及网络留言等方式,争相给她安慰鼓励。所有见过她的人,都深深记住了她那灿烂的笑容;所有人都惊叹于她那瘦小身体里所蕴藏的坚强力量。

　　"这么坚强的姑娘,实在少见!"

　　"我们笑在脸上,她笑在花丛中。"

　　游客纷纷对文花枝做出高度评价。在危急关头,文花枝用自己的行动赢得了人们的敬意。

　　2006年8月,在政府的关怀下,文花枝成为湘潭大学旅游管理专业的一名大学生。她的同学们都说:"生活中的花枝姐,永远都是那么的乐观和开朗,无论在哪儿,只要有她在,就会有欢乐和笑声,她的乐观精神时时感染着我们。"

"有一种舍弃令人敬重"

2007年6月29日以来,安徽省淮河流域普降大雨,淮河干支流水位迅速上涨,洪水即将来临。

7月10日10时10分,淮河干流王家坝水位已经达到29.3米,而且还在继续上涨。安徽省431公里淮河全线超警戒水位,淮河抗洪救灾形势十分严峻。按照国家防总和淮河防总的要求,为了确保淮河中下游地区的安全,必须把超过河道安全水位的那部分洪水向低洼地区排放,安徽蒙洼蓄洪区就是这样一个专门排放洪水的低洼地。

蒙洼蓄洪区位于安徽省阜阳市的阜南、颍上两县境内,总面积180.4平方公里。涉及4个乡镇,75个行政村,17万余人,耕地面积18万亩。这里是淮河上游洪水进入安徽省的第一个蓄洪区,1953年就设立了。

家住岩岗头,用水贵如油;想水水不来,盼水水不走。

王家坝开闸泄洪

这是一首令人心碎的顺口溜,记载着蒙洼几代人的磨难和奉献。每逢洪水,这里的村民就要做出很大的牺牲。

10日10时前,蒙洼蓄洪区内居住人员全部被撤至安全地区,所有交通路口被封闭。

12时29分,王家坝闸自动化控制室。

"淮河王家坝闸开闸泄洪!"

随着一声令下,控制台上人员轻点鼠标,瞬时,电脑屏幕上一排绿色的闸门图标陆续变成红色。

随着王家坝闸门徐徐开启,刚才还平静的洪水顿时像脱缰的野马,一路咆哮着冲进蒙洼蓄洪区。刚才还是生机盎然绿油油的庄稼地,几乎在一瞬间变成一片泽国……

在闸上操作间值班的张汉军目不转睛地盯着机器上闪动的流量数字,嘴角微微抽动着,眼圈慢慢地红了。

望着洪水奔腾着冲进自己的家园,站在大坝边、庄台上的蒙洼百姓,没有人说话,眼含无数不舍,心头百感交集。他们有的呆呆地看着,有的心疼地流下了眼泪,有的默默地转过身去……

至7月19日,淮河全流域启用了10个行蓄洪区,其中安徽占了9个。2003年大水后,这里元气尚未恢复,又眼睁睁地看着一场大水冲走了希望,蓄洪区人民的心情十分复杂。

"说句心里话,村里人谁都不希望蒙洼蓄洪。"王家坝镇刘郢庄台73岁的老汉刘克义坐在自家门口,抽着一袋烟。

他说:"洪水一上来,不但地里庄稼淹了,生活也不方便,庄台被水围困着,人出不去进不来,急也能把人急坏了。"

"不过,为了上下游的安全,这点苦咱愿意吃。蓄洪国家也是不愿意的,洪水是自然灾害,没有办法呀!关键时候就是要舍小顾大。"经历过14次搬家的他平静地说。俗话说"好家架不住三搬",多次搬家转移,使得他的家里空荡荡的,除了必要的床、桌、条凳和农具外,东西少得可怜。

能说出这样的话,要有怎样的一种胸怀呢!

"俺家已经做好了两手准备,随时面对开闸蓄洪。"

"关键时候就是要舍小家顾大家,我这点庄稼又算啥呢?"

这样朴实无华的话语,在王家坝、在蒙洼几乎随处都能听到。

开闸放水的时候,住在王家坝北边王塔乡的村民李家备站在大坝边维持着秩序。望着大坝闸门奔流而下的洪水卷起层层浊浪,在水面泛起一堆堆白沫,他深深地叹了口气:

"唉!地里的玉米、西瓜全部绝收!家里也进了尺把深的水,水都没到脖子了!"

虽然自己家里进水了,但是李家备却顾不得那么多。

头天晚上6点,他接到村里的通知,要求紧急去往蒙洼蓄洪区,帮助居民转移。作为村民兵队的一员,他立即和其他100多名民兵火速赶赴蒙洼,一夜没合眼,终于把村民和财产都安全转移到庄台上了。

庄台,指的是淮河流域行蓄洪区内特有的一种为了防洪人工垒起的台基,村庄就建在台基上。

为了使老百姓少受损失,2003年淮河大洪水后,在蒙洼蓄洪区,政府想办法以乡镇为中心兴建了4个大规模的保庄圩,修整和加固了136个四周有石头护坡的庄台。这136个大大小小的庄台,就像一个个独立的自然村,原来居住在洼地的老百姓几乎全都被安置到了安全地带。现在蒙洼蓄洪区启用时,再也不用临时转移群众。"以前洪水来了人们离开家往区外跑,现在是离开洼区往家里跑,转移搬迁的任务相对就容易得多。从根本上改变了过去的杂乱无章,实现了现在的井然有序"。

"就算真的蓄洪,经过政府这些年的投入,如今我们这里(庄台)垫到30多米高,淹不到的,而且水电照常用着,不用搬家。"一位农妇说,"到时候,解放军也会用小船给我们送吃的用的,这些对俺家来说足够了。"

尽管饱受水患之苦,王家坝人并没有怨天尤人,也没坐等救济,而是用自己的智慧和努力寻求化解洪水灾害的出路。

"国家要管的地方太多了,我们虽然受灾,但也不能总躺在政府的怀抱里等米下锅。你看,乡亲们凭着自己努力盖起了新房,用上了自来水和沼气,这日子一天比一天有奔头啊!"刘郢庄台67岁的张洪才老人见证了自己和周围几代人的"洪水生活"。

一句句朴实真诚的话语,一幕幕震撼人心的场景,迅速通过新闻媒体传向海内外,民众观后为之动容。

"有一种舍弃令人敬重!"

许多读者观众纷纷给安徽省有关部门写信、来电,称赞蒙洼百姓的胸怀。在互联网上,众多网友发帖留言,表示他们内心的感动和敬重。

时任国务院总理的温家宝在慰问蒙洼受灾群众时,对"舍小家为大家,舍局部顾大局"的"蒙洼精神"大为称赞。他说,蒙洼人民为淮河防洪做出的重大牺牲,为夺取防汛抗洪的全面胜利做出的巨大奉献,全国人民永远都不会忘记。

舍小家为大家的赵久富

2010年4月29日晚,湖北省十堰市郧县安阳镇余嘴村。

村支书赵久富家的院子里,一场酒宴正在进行,参加者是40多个村民。饭桌是用四扇门板拼成的,一大坛赵家自家酿造的黄酒和粉蒸肉、红烧河鲜、酸菜粉条等土菜摆了一大桌子。每个村民面前的大海碗里都被赵家主人盛上了堆尖的菜。可是酒宴的氛围却少了点喜庆,大家都没有动筷子,有的沉默不语,有的泪光闪闪,每个人的眼里都充满了不舍。这时,赵久富站了起来:"来来来,乡亲们都别难过,大家都要往前看,到了新家,都要好好地生活,以后的好日子还长着呢!"

听村支书这么一说,大家都纷纷站了起来,相互敬酒,聊起一些快乐的往事,谈论着对未来的憧憬。

此时,余嘴村所有的屋舍都已经被搬空,村民们的家当都搬上了卡车,几代人遮风挡雨、生息繁衍的屋子空荡荡的,灶台上结着厚厚的烟灰,堂屋里墙上贴着年画也耷拉下来,原来悬挂全家福照片的墙壁裸露着,留下一块块白色的印记——余嘴村61户居民将于次日举家搬迁,几代人居住的家园将变成蓄满清水的库区。

第二天早上,村口公路边汽笛声鸣,锣鼓震天。

赵久富满头白发的老母亲拄着拐棍,步行5公里赶来给儿子送行,她拉着儿子的手,老泪纵横。

出发的时间到了,赵久富咬咬牙,硬着心肠上了车。当客车拐过村口,军人出身的他禁不住泪流满面。

客车载着赵久富等271名余嘴村村民驶向黄冈。他们是郧县第一批外迁移民,掀开了南水北调工程几十万移民浩荡外迁的历史第一页。

郧县地处秦岭南坡与大巴山东延余脉之间,汉水上游下段,是南水北调中线工程水源区。所谓南水北调,就是指把长江流域的水资源自其上游、中游、下游,分西、中、东三线抽调部分送至西北、华北与淮海平原的缺水地区。由于居住地被水利工程征用,居民必须根据政府的安排搬迁到其他地方居住。

2010年,我国南水北调移民工作正式开始,郧县余嘴村被定为当地首批搬迁的移民试点村,这里地处丹江库区,有61户农户居住在172米淹没线下,按照规定都要搬迁到千里之外的黄冈县团风镇黄湖移民新村去。

刚得知这一消息,余嘴村的村民炸开了锅,七嘴八舌发牢骚:

"搬到平原地方打起仗来没地方躲呀!洪水来了怎么办?"

"我们祖祖辈辈就住在这里,凭什么说搬家就搬家啊!"

"和当地人语言不通,我们一去就成了外地人,以后肯定受欺负。"

"我们大部分亲戚朋友都在这附近,搬到那个人生地不熟的地方,谁都不认识,以后怎么办?"

家园难舍,故土难离,移民工作最难张嘴。村看村,户看户,群众看的是干部。

时年56岁的赵久富是余嘴村的老支书。他的家在水库172米水线以上,而且儿女亲属都在十堰和郧县城区居住。按政策,他完全可以留下,也可以投亲靠友或后靠搬迁,但他认为自己作为一名村书记,如果不带头搬迁,对其他移民影响甚大。可是自己搬走了,相隔两地,年迈的父母无人照顾,于是,他想做通妻子的工作并动员父母和他一起走。

"这一去1000多里,以后一家人见个面都难,有什么意思啊,补偿再多也不去!"

"我在郧县照顾你爹妈,跟你离婚,你自己搬下来!"严重晕车的妻子谈"迁"色变。

"我们老了,死也要死在老家!"年迈的母亲不愿离开故土。

赵久富左右为难,不得不苦口婆心对母亲和妻子进行了多次劝说。

"我是村支部书记,老百姓都看着我,我都不搬,老百姓哪个会搬?你先搬过去再说,实在不行住一段时间再回来。"

"妈,黄冈离这里远,您老人家不去,有个头疼脑热叫我怎么放心?"

关键时候,当过干部的父亲推了儿子一把:

"都不想走,国家南水北调就调不成了!"

"娃子你去吧,我和你妈老了,就不跟你迁走,我们自己会照顾好自己。"

最终,父母亲决定不跟儿子外迁到黄冈,但他们支持儿子带头外迁。

在做通了妻子的思想工作后,赵久富第一个在外迁协议上签了字。

接着,赵久富和其他村干部奔走在余嘴村的村道上,走家串户,耐心解释政策、摆道理、讲掏心话,磨破了口舌,化解移民的顾虑。

"现在我们党的政策多好,哪个地方的土地不养人啊?"

为了使移民户都信服,他5次到黄冈团风安置地考察,每次都拍回许多照片、录几段视频,回来后做成考察报告,组织移民观看、讨论。

和村民谈心的赵久富

终于,家家户户都在移民协议上签了字。"为了北方人也能喝到汉江水,我们搬!跟着老赵走,吃不了亏。"

当时,搬迁车队走到武当山的时候,赵久富接到一名村干部打来的电话,告诉他他家的房子已经拆了。听到这个消息,赵久富的眼泪夺眶而出。

当初建这房子时,通村公路还没修,砖瓦只能用船运到汉江边,然后用人力往上搬,有100多米远的路,一砖一瓦都是赵久富和妻子用肩膀扛上去的。现在一下子就被拆了,还是感到撕心裂肺般的揪心。

赵久富的带头和艰辛付出,使余嘴村的移民试点工作进展顺利。

在丹江口大坝上凭栏远眺,昔日的家园已被淹没水底。2014年11月,赵久富作为移民代表,受邀一路北上参观南水北调工程。和人说到抛家舍业的移民搬迁,他满脸自豪:"见证汉江水送到了北京,我们所有的付出都是值得的!"

此时,他的口袋里装着两张身份证:一张住址是十堰市郧县余嘴村,那是他曾经付出无数心血的家园;另一张地址是有着"南水北调工程移民搬迁第一村"称号的团风县郧阳村。

接下"星球上压力最大的职业"

"一把铁榔头,一个大传奇",说的就是中国国家女子排球队主教练郎平。

1984年8月7日,在洛杉矶奥运会女子排球决赛中,中美巅峰对决。

这是中国国家女子排球队第一次参加奥运会比赛。在此之前,中国女排获得了1981年世界杯赛和1982年世锦赛两次世界冠军,是国际排坛上一支正在腾飞的劲旅。全世界的目光都聚焦在中国女排姑娘们的身上。

经过三局奋战,作为中国女排主攻手,24岁的郎平击溃了美国女排的防线,帮助中国女排登上了冠军的宝座。从此,"铁榔头"变成了郎平的代名词。

接下来的1985、1986两年之间,中国女排又获得了第四届世界杯冠军和第十届世锦赛冠军,成就世界女排史上首个五连冠的佳绩。

当时的中国,刚刚改革开放不久,中国女排不畏强敌、奋力拼搏赢得三连冠和五连冠,成为当时中国人的模范和骄傲,更是中国腾飞的象征。"中国女排"这几个字,在中国百姓的心目中已经不仅仅是一支排球队,而是一座崇高无比的丰碑。

但是,从20世纪90年代开始,随着郎平等一批老一代运动员的退役,中国女排开始青黄不接,比赛成绩年年下滑,在1992年巴塞罗那奥运会上更是只得到第七名。心中的一块丰碑轰然倒塌,这让一直喜爱并关心着中国女排的全国人民无法接受。

换教练的呼声一日高过一日。1995年,郎平被中国排协聘为中国女排主教练。她率领中国女排走出历史低谷,获得亚特兰大奥运会银牌和第十三届世界女排锦标赛亚军,但她始终未能带领球队重新夺得世界冠军。压力和伤病让她于1998年宣布辞职,远赴海外。

这之后,女排的赛事成绩起起伏伏,很不稳定。2012年开始,女排又连遭败绩,甚至在亚洲的霸主地位都难保。在这一年的伦敦奥运会上,中国女排只获得了第五名。

对于身处谷底的中国女排而言,此时正需要有一个能稳定军心、重整旗鼓的人物出现。

2013年,人们把希望的目光投在了拥有辉煌执教成绩和老女排特殊身份的郎平身上。当时,53岁的郎平,正是"五连冠"时期的老女排核心成员,也是老女排中目前唯一在一线执教的队员。在很多人眼中,"铁榔头"郎平就是当年"女排精神"的代表。

郎平,手上的成绩单也的确亮眼。

且不说她在运动员生涯中夺得的一系列辉煌战绩,就是她在退役之后的执教经验也十分丰富。早在1986年时,她就曾辅佐昔日队友张蓉芳率队参加世锦赛,随后赴海外执教。1995年,郎平放弃学业和高薪回国执掌中国女排,实现了球队平稳过渡。郎平离开中国队转战海外后,2008年帮助美国女排在时隔24年后重夺奥运会银牌。2009年回国,她又一手将广州恒大女排带上联赛冠军位置。她被中国球迷看作是中国女排的"救世主"。无数球迷开始憧憬:郎平归来,中国女排东山再起!

郎平再次执掌中国女排的帅印,成为众望所归。

但是,此时的中国女排面临的困境前所未有:缺人,缺钱,缺爱!这就是郎平总结出来的女排"家底"。

当时,中国是世界女排强国里排球群众基础和学校排球开展状况最差的国家。排球注册运动员人数为2600多人,其中,各省市十几支专业队一线球员不足300人,排球人才已不到20世纪80

年代的十分之一。国家队人员老化和伤病困扰的问题严重,技术全面的主攻手也十分稀缺。

而且,看球的人也越来越少。没有观众也就没有市场,看台上的冷清让赞助商们都望而却步。当时女排联赛各支球队的球员平均每月收入也就四五千元,有的队还没有赞助,可能只有三四千元。有网友调侃道:练体育非常辛苦,又没有"钱途",家长们也就自然不愿意把孩子送去练排球。

此时,郎平比谁都清楚,国家女排主帅是"星球上压力最大的职业",一旦承担起这个角色,将要承受怎样的压力。如果不成功,自己的一世英名就算是毁了。更何况此时,"伤病无时无刻不在折磨着我。"她说,"在这段时间想睡都睡不着,天天想日日想,都快纠结死了。"

"以国家大局为重,支持郎导担任国家队主帅。""中国排球真的不能再这么沉沦下去了,你赶快出来吧,你出来,我会想尽一切办法支持你。"——领导和昔日队友的鼓励、关怀呼唤着她。

"你无疑是这个时候最合适的人,是全国人民最认可的人,只有郎导站在这里,很多工作做起来才有力度。"——同仁的支持鞭策着她。

"太多人惦记你了。人这一辈子,总被人惦记也是一种幸福!"——亲人的劝慰温暖着她。

郎平在中国女排训练时做示范

"随时听从国家队召唤,时刻准备为中国女排效力!"——心中的女排情结缠绕着她。

"招娣走了!还那么年轻!"——昔日队友陈招娣不幸离世的悲伤刺痛着她。

2013年4月25日,已经53岁的郎平又一次在中国女排最困难的时候敢于担当。当她接过中国女排帅印时,她丰富的人生履历又添了精彩的一页。

2014年,郎平加大力度培养年轻人,朱婷、杨方旭、袁心玥这些不满20岁的新人被委以重任。

2014年女排大奖赛,郎平带队闯进总决赛,为了让魏秋月、徐云丽、惠若琪和朱婷更好地备战世锦赛,她果断地在总决赛中启用刘晓彤等年轻队员去锻炼,尽管最终获得第五名,但中国女排收获颇多。

2014年女排世锦赛,郎平带领年轻的中国队在不被看好的情况下最终夺得亚军。

2015年女排世界杯,郎平带领困境中的中国队以10胜1负积30分的战绩时隔12年第四次夺得世界杯冠军,给全国球迷带来了无比的惊喜。

2016年,她带队夺得里约热内卢奥运会金牌。

30年来,从担任主攻手时的"五连冠"到任教练率中国女排重返世界之巅,"铁榔头"似乎已经是奇迹的代名词。

"拦击困难、挫折和病痛,把拼搏精神如钉子般砸进人生……因排球而生,为荣誉而战。"这就是郎平!这也是从未缺失的女排精神!

"只有中国医生一直坚守"

2014年3月,埃博拉疫情突然在非洲西部爆发,几内亚、利比里亚、塞拉利昂等3个国家成为重灾区,而且疫情还在不断蔓延,威胁着周边国家的安全。

埃博拉,原来是一条美丽河流的名字,却成为"超级病毒"的代名词。它感染性极强,一旦染上这种病毒,感染者会出现恶心、呕吐、腹泻、肤色改变、全身酸痛、体内出血、体外出血、发烧等症状,死亡率高达50%至90%。到目前为止,人类对这种病毒束手无策。

最早出现疫情的是几内亚,那个位于西非西岸、西濒大西洋、神秘美丽而又贫困的国度。

2014年3月的一天,几内亚首都科纳克里。

在开业还不到一年的中几友好医院里,中国第二十三批援助几内亚医疗队队员、北京安贞医院普外科医生曹广,像往常一样穿上白大褂,来到门诊。他接待了一位预约好的患者之后,又急急忙忙赶到手术室,和早已等在那里的黑人搭档一起手术……这一切紧张而有序。

手术结束后,曹医生的手机突然震动了一下,一条几内亚政府发来的

中国的援助物资

短信赫然呈现在眼前:Ebola！爆发！出血热！

几个具有冲击力的刺眼单词,让曹医生瞬间头皮一麻,心头一紧。

10天前,一名35岁的黑人因腹痛、呕血、发热、乏力来到中几友好医院普外科就诊。曹医生接诊救治,给他办理了住院手续。

经过治疗,患者的胃肠道出血及腹痛症状有所缓解,但是一直在发烧,有时体温高达39℃,而且左眼像兔子的眼睛血红血红的,白眼珠都看不见了,十分吓人。

就在这个男人住院的第四天一早,主治医生正准备查房,护士突然惊慌地跑来报告,说这名患者突然浑身抽搐。

曹医生立即对他进行了紧急体检,并指示护士给患者做头部CT。曹医生判断患者为脑出血。当护士将患者翻身准备进行侧位扫描时,发现患者左臀部打针的部位正在往外渗血,鲜血已经浸透了衣裤,就连身下的床单,也都留下了一大摊血迹。

虽经全力抢救,这名患者最终还是去世了。

曹广回想起在给这个患者体检时自己还用手翻开过患者的眼皮,这时,他感觉一股寒气从脚底升到头顶:

"Ebola"——埃博拉！这个病人该不是感染了埃博拉病毒吧？

就在刚才手术的时候,和曹广搭档的两名黑人助手都说自己感觉很疲惫,很不舒服,也不想吃东西,还有一个说可能有点发烧。一个不祥的念头像一团黑雾笼罩在曹广心上——他们两个接触那个病人很多次,不会被病人感染了吧？

想到这里,曹医生出了一身冷汗。

果然,没多久,坏消息接踵而来。在随后20天里,医院接诊了12名感染者,有9名几内亚医护人员被感染,6名殉职,其中就包括曹广的非洲搭档医生盖斯姆和护士卡马拉。

这是曹广当医生以来第一次看见自己的同事因公牺牲,在悲痛和生死未卜的忐忑中,他接受了隔离观察。

这个见惯了生死的外科医生,开始仔细观察自己身体上所有细微的变化:早上起来洗脸,要在镜子前看看自己眼球是否发红;白天有点头晕就会担心这是不是发病的先兆;量体温看体温表时,也会心跳加速;身上起了一个小疹子,都会胡乱联想是不是那个病毒感染造成的。

就这样,在煎熬中度过了20来天,4月14日,曹医生终于被确认未感染埃博拉病毒而被解除隔离。曹广后来在微博中这样写道:

作为第一个接触(埃博拉)患者的中国医生,虽然当时的心情难以用语言表达,但我挺感谢自己有这段经历。

"对我来说,这次的埃博拉病毒来袭就是一场遭遇战。"曹广说,"但我们目前的状态其实还是很稳定的,门诊照旧。我觉得对于真正参与其中的医生来说,援非是我们的工作,我们就是要克服困难,把工作完成好!"

2014年8月8日,世界卫生组织发布声明,宣布西非埃博拉出血热疫情为国际关注的突发公共卫生事件,建议疫情发生国宣布国家进入紧急状态,严格落实防控措施。

一时间,世界各国谈"埃"色变。

有些援非国家开始撤走本国医生,召回驻疫区国外交官。

在他国派驻人员纷纷撤离的情况下,中国援非医疗队——这些"距离埃博拉病毒最近的中国人"却毅然坚守一线,参与到这场全人类为之惊魂的超级病毒阻击战中。

在几内亚,中几友好医院的中国医生借鉴抗击非典时的经验,制订出一套疫情应急方案,并向几内亚工作人员和当地华侨华人广泛宣传,普及防控知识。

在塞拉利昂,首都弗里敦的金哈曼路医院,中国援助塞拉利昂第十六批医疗队的10名成员仍然在坚持工作,每天都在关注疫情。当地病人都认为中国医生值得信任。"埃博拉疫情暴发后,医院病人数量并没有减少……医疗队也制定了消毒隔离制度,注意医院防护工作和自身防护"。医疗队还先后3次向中资企业和华侨华人代表通报疫情,讲解如何进行预防,"作为医务工作者,救死扶伤是医生的天职,大家都要坚守岗位"。

在利比里亚,第五批援助利比里亚医疗队集中在首都蒙罗维亚最大的利比里亚首都医院,整个医院的门诊有一半是由中国医生完成的。"医院里曾有短期工作的美国医生,疫情暴发后他们在4月就撤走了,埃及医生也在5月离开了医院,只有中国医生一直坚守"。医疗队几乎全部队员都前往蒙罗维亚的居民社区义诊,宣传预防埃博拉病毒的知识。医疗队还紧急将防护措施做成宣传单,发给在利比里亚的中国公民。此外,医疗队先后为中资企业和华侨华人讲了3次课,提醒大家关注疫情。

就在世界卫生组织声明发布的第二天,中国政府决定派出3支专家组分赴西非三国,对当地防控埃博拉疫情进行技术援助。

一场国际人道主义救援大接力开始了。

在危难的时刻,中国医生和非洲人民站在一起,患难与共、风雨同舟,以勇气和科学铸成铜墙铁壁,抗击病毒恶魔。

病毒是全人类的敌人,应对埃博拉疫情不仅是西非三国的事情,也是国际社会共同的责任。在埃博拉疫情中,世界看到了中国医生的使命,也看到了中国作为负责任大国的担当。

结语

亲爱的小读者们,读完这 35 个故事,你们有没有眼前为之一亮,心境为之涤荡呢?

当你翻开红军长征胜利以来那 80 年壮丽史诗般的画卷时,是否感受到了其中生命与信念沉甸甸的分量呢?

当你看到那些与自己同龄的红军小战士,长征路上在饥饿与严寒的折磨下,生命之火即将熄灭时,你是不是恨不能穿越时空去助他们一臂之力呢?

当你读到那些革命先辈为了理想,抛家舍业,流血牺牲,前仆后继,创下丰功伟业时,你是否读懂了他们的追求?是否有深入书间去勇敢追随他们的冲动呢?

当你发现新时期一些共产党人就在自己的身边,像一团火温暖着照亮着这个社会时,你是不是会在心生敬佩之后向他们不断靠近呢?

这 35 个故事就像 35 颗晶莹剔透的星辰,在浩瀚的历史天空中闪烁着钻石般的光辉。而从红军踏上征途以来,这样触动人心的故事,每时每刻都在发生着,历史的巨笔在悄然无息地记录着,时光的刻刀在默默无声地镌刻着。那些无数个耀眼的灵魂、闪光的历程,一颗一颗连成线,最终汇成璀璨星河,凝聚成共和国旗帜上夺目的金星,始终照耀着我们前进的方向,引领着一代又一代国人,在实现梦想的道路上奋勇向前。